AF435167

Enrica Trovati

STORIE MIE STORIE TUE

IN CERCA DEL MURO MAESTRO
CHIEDIMI ANCORA DOMANI "SE FOSSI"

◆

EDIZIONI WE

ISBN 979-12-5497-182-6

©2024 Edizioni WE di Nicola Bergamaschi
Via Paulli 10/A – 26015 – Soresina (CR)

www.clickpertutti.com
www.edizioniwe.com
www.facebook.com/edizioniwe
www.instagram.com/edizioniwe
info@edizioniwe.com

PRESENTAZIONE
di Claudio Ardigò – Critico Letterario

In questa raccolta, che chiamerei "Zibaldone", diario personale che raccoglie una grande quantità di appunti e riflessioni, Enrica Trovati ha cercato di far emergere un forte e ricercato desiderio di riconquista della vita, quasi le fosse stata sottratta negli aspetti più intimi in un crudele gioco del destino, o da uno spietato mercato consumistico professionale dove non c'è spazio per i sentimenti anch'essi divenuti negoziabili.

L'autrice chiede, con quest'opera, un momento di vita privata ossimoricamente tra verità e bugie, distruzioni e difese, eliminazioni e salvataggi accettando dalla vita stessa l'unica vera offerta che è l'amore, esprimendolo con un linguaggio serrato come un vicolo stretto, spudoratamente essenziale che vuole arrivare pur nella sua complessità direttamente alla mente del lettore, lasciandogli il compito di trascinare verso il cuore le sue vigorose emozioni tra ricordi, o nei brandelli d'anima della sua vita che ha lasciato tra queste parole.

Parole scagliate, all'improvviso come pietre, quasi impietosamente a cercare con sana rabbia quei sentimenti smarriti di una società che inconsciamente pretende di farne a meno.

Le molte riflessioni utilizzate hanno il vigore martellante di una difesa e nello stesso tempo, di una pretesa a riottenere tutto quanto si è perduto sapendo di averlo sempre posseduto, inventandosi quelle illusioni che spesso si accettano come amaro conforto per proseguire in un infinito percorso di conoscenza.

Per l'autrice la vita non è che un sogno frantumato sotto il peso delle ansie quotidiane, vissute nell'intimità della propria casa, in un ufficio sul luogo di lavoro e recuperate in un teatro nel fare recitazione. Un insieme di racconti che sono un viaggio nella vita mai facile, pur accettando una sfida impari, scegliendo di lottare senza cedere alle inconsistenti lusinghe di una società disattenta ed edonistica, nel coraggio perso e ritrovato nell'affrontare la vita anche se questa a volte appare lontana in un altrove.

Da tempo Enrica ha capito che l'autostima fa rumore e ogni giorno ci insegna a cadere per rialzarsi senza troppe ferite rimettendoci continuamente in gioco in un circuito vitale dove il teatro è un immensa e suggestiva ricerca di libertà.

L'autrice manifesta in più occasioni la necessità di scrivere sempre alla ricerca dei ricordi di cui si nutre con immutata nostalgia.

È strana la vita nelle sue considerazioni, spesso illude, ci porta dove vuole che nemmeno ce ne accorgiamo, poi ad un tratto ci riporta ai volti degli amici, delle persone che hanno attraversato la sua di vita e ne definiscono un valore autentico ed essenziale avendo condiviso insieme gioie ed illusioni di un tempo, come in un album fotografico che spesso va a visitare.

Per Enrica Trovati il Teatro è un bene prezioso che le permette di dare continuità, a questa vita, soprattutto nei momenti difficili che spesso ha incontrato lungo il suo cammino.

Claudio Ardigò

STORIE MIE STORIE TUE

IN CERCA DEL MURO MAESTRO
CHIEDIMI ANCORA DOMANI "SE FOSSI"

…Vedrai, vedrai
vedrai che cambierà.
Forse non sarà domani,
ma un bel giorno cambierà…

di Luigi Tenco

Parte prima

IN CERCA DEL MURO MAESTRO

DEDICA

Per tenere viva la memoria di una vita insieme a chi mi ha voluto bene e mi ha arricchito.

Per tener vivo i ricordi, anche se vuol dire tenere vivo il dolore.

Per chi riesce ad andare oltre al dolore, che significa essere più forti.

Per chi inciampa in un amore, si sbuccia il cuore e pensa sia facile da guarire, ma non lo è.

Per chi non è in grado, se glielo chiedessero, di spiegare il proprio matrimonio.

Per coloro che sono i protagonisti di sé stessi, ma dopo qualche anno non si riconoscono più.

Per chi ama scrivere e raccontare del tempo anche passato.

Per chi vuole capire sempre di più chi siamo nel presente e mettere a fuoco cosa stiamo cercando o ricercando nelle nuove scelte.

Per chi con impegno si modifica e si cambia in base alle nuove conoscenze ed esperienze.

Tutto è in movimento e cambiamento.

Per chi ricorda che gli accadimenti passati rivelano una sana e utile elaborazione, suggerisco a tutti di poterla fare.

I
L'ATTESA

- 1 -

Sono con altre persone sul sagrato della chiesa, in attesa che arrivi il feretro per il funerale dello zio.

È faticoso prendere consapevolezza che un'altra parte di famiglia si stacca da me. Oggi è lo zio Battista fratello del mio papà.

Sentimenti che ho già provato, dolori che ho attraversato, affrontato, superato, con la perdita dei miei genitori, ma che rimangono sempre vivi nei ricordi.

Nell'attesa che si formi il corteo parlo con lo zio, quante immagini rivedo.

Zio ricordi? Ricordi la famiglia?
Sì caro zio racconto a te come tu hai raccontato a me di me finché la vi-
ta ti ha dato la possibilità di farlo.
Tu sei stato il mio diario, un testamento spirituale.
Ne hai vissuti di fatti importanti, significativi che ti hanno portato a de-
gli adeguamenti.
Quante cose sono cambiate, quante modifiche hai superato nei tuoi no-
vantasette anni.

Sono figlia di una generazione che ascoltava narrare "storie", sia vere sia quelle di fantasia. Per me erano nutrimento della mente e del cuore. Il mio papà mi raccontava della guerra, di essere stato partigiano, mentre mia nonna Ada storie inventate che facevano paura.

E tu zio mi ricordavi sempre aneddoti di quando ero bambina e ragazza. Tante di queste sensazioni le ho espresse nel primo libro: **"Un cuore analfabeta"**.

Piccola autobiografia, curiosa e ricca di emozioni. Corredata da disegni di Luisa Monella amica, pittrice ed artista, da foto dei bambini dei laboratori di teatro che dirigo a Soresina e di alcune poesie uscite da tale esperienza.

Tutto è iniziato dopo aver scritto uno spettacolo teatrale per il Congresso Nazionale dei **club** (*centro ecologico territoriale familiare*) nel 2018 a Boario in Lombardia.

Il tema era **"Con te sto bene"**, come il titolo dello spettacolo che ho ideato per il quale ho coinvolto famiglie intere dei club di tutta Italia, compresi i bambini.

Alcuni contenuti del copione erano riflessioni e considerazioni personali, scritte, su aspetti importanti ed emozionali della mia vita, uniti a testimonianze di altre persone, includendo alcune gag simpatiche, musiche e canzoni, hanno prodotto uno spettacolo di rispetto molto apprezzato da tutti.

Qualche tempo dopo, contaminata sempre dal teatro ma ancora pervasa dall'entusiasmo ho avvertito la necessità di scriverne un altro. I pensieri, le frasi i ricordi, i racconti, uscivano dalla mia mente a cascata, e dalla mia penna, senza freno.

Sembrava che il primo libro fosse stato una semplice presentazione, un timido tentativo, un piccolo assaggio di me, che ha avuto però dai lettori un ottimo riscontro di consensi, da qui la spinta per scrivere ancora.

Così è nato: "A.A.A. Autostima cercasi".

Sempre esperienze di vita di sentimenti paralleli, dove altre vite si riconoscevano in ciò che raccontavo, relazioni antiche e attuali, emozioni nuove come fossero già vissute. Anche questo libro è arricchito dai disegni di bambini, foto mie e della famiglia e di adulti che ho conosciuto negli anni durante i laboratori teatrali.

Insomma un potpourri e un miscuglio di vissuti da condividere.

Nel secondo libro ho approfondito alcuni aspetti di me e del mio percorso sentimentale-affettivo che sentivo il bisogno di mettere su carta.

Lo scrivere mi ha dato la consapevolezza di chi sono e di chi ero.

Sono cresciuta in una famiglia e in un'epoca dove si doveva trovare un buon lavoro, un buon fidanzato, sposarsi e avere figli.

Non pensavo che avrei potuto avere e dare svolte diverse al mio destino.

Non sempre mi sono adeguata a volte mi sono reinventata per andare oltre a certi luoghi comuni e scrollarmi di dosso certi vincoli.

Ho avuto dei genitori che non sempre mi hanno lasciata libera di fare tutto ciò che desideravo, come del resto era giusto: mi hanno lasciata però libera di sbagliare e questo mi è servito, meglio di qualsiasi avvertimento.

Mi hanno trasmesso il rispetto per me stessa, l'educazione verso gli altri, verso le persone, la natura.

Sono stati buoni e comprensivi con me, ho sentito il loro amore forte e chiaro da farmi a volte molto male.

Insieme siamo stati bene e altre meno bene abbiamo riso tanto e pianto.

Sono stati dei bravi genitori ed io sono stata una figlia fortunata.

A volte discutevano alzando la voce, io mi confondevo e un po' smarrita venivo da te a confidarmi dicendo che non era "giusto che loro si comportassero così".

Tu, zio, mi tranquillizzavi e ripetevi che discutere sta nell'ordine delle relazioni affettive, che il giusto sta nel parlarsi con rispetto e nella comprensione non solo tra uomo e donna ma in generale. Anche nel tuo matrimonio succedeva. Ricordavi quanto i miei genitori fossero stati bravi e onesti, i sacrifici che avevano fatto per avere una casa, crescermi e ottenere una bella famiglia. Aggiungevi anche "compresa una figlia **strana** *e* **stravagante** *come me".*
Tu zio non perdi occasione per non mandarle a dire!
Penso a mamma e papà

II
RISPETTO E COMPRENSIONE

In casa con i miei genitori si dialogava sempre.

Durante il pranzo o la cena non si guardava la televisione, non l'avevamo, non si guardava il telefonino, non era ancora stato inventato, si parlava e si discuteva.

I miei genitori parlavano del loro lavoro, degli imprevisti, delle difficoltà, di come venivano trattate e risolte le questioni. Io e la nonna Ada ascoltavamo.

Si parlava anche delle questioni del caseggiato.

Mio papà commentava sui fatti di politica e noi tre donne ascoltavamo. Lui era sempre aggiornato.

Ascoltare mi piaceva soprattutto quando raccontavano del periodo di guerra o appena dopo. Tutto affascinante e avvincente, un gran racconto con intrecci di persone di famiglie di gente conosciuta e sconosciuta.

Mi preoccupavo solo quando c'erano discussioni a voce alterata oppure rimproveri per me.

Ricordo tra di noi il rispetto e la comprensione.

Mio papà, unico maschio, era un po' protettivo con noi, dava pareri che a volte potevano sembrare ordini, ma mai con brutti modi o aggressività.

Attualmente si ricorda il "25 Novembre come la giornata internazionale contro la violenza sulle donne.

Se fosse possibile aggiungerei nel calendario un altro giorno: non violenza per tutti, senza distinzione".

Da bambina non ho mai sentito denunciare questo comportamento. Forse l'informazione era meno presente, forse avevamo altre problematiche a cui porre attenzione, forse le persone erano meno confuse e sofferenti rispetto a oggi, o forse ero io distratta da altro.

Se dovessi pensare a un comportamento scorretto nei confronti delle donne, nella mia famiglia ricordo il papà che diceva alla mamma in dialetto e in modo perentorio: *"Tu taci"* e lei stava zitta, io con la nonna Ada che abitava con noi, comprese.

Questa frase però non faceva quell'effetto negativo che mi provoca ora.

Pensavo che, il mio papà non poteva avere nulla di brutto e di cattivo contro la mia mamma, era solo un uomo dal carattere forte, che sapeva il fatto suo e si imponeva per far valere le sue idee. Anzi, in altri momenti sentivo le loro effusioni e a ragionare insieme.

Pensavo che, mio papà Annibale, sapeva tante cose che io e mamma non conoscevamo, quindi lo ascoltavamo in silenzio.

Pensavo che la mamma avendo delegato il papà per i rimproveri e le punizioni, era giusto che rimproverasse e dicesse a lei di tacere.

Quando succedeva il giorno del rimprovero la mia mamma si toglieva di mezzo, aveva sempre da lavare qualcosa, se ne andava in lavanderia e mi lasciava da sola; non credo fosse poco rispettosa, ma semplicemente non voleva sentire "i sermoni" di mio padre.

In seguito, nel periodo universitario; negli anni delle manifestazioni femministe, ho dato peso a quello che papà diceva alla mamma: *"tu taci"*.

In ogni città denunciavano e chiedevano le stesse cose: *"tutte le persone sono importanti in eguale misura, sia per i maschi sia per le femmine, e che era scaduto il tempo del silenzio per le donne"*.

Ho avvertito come disturbo sentirla e risentirla.

Pensavo però che le manifestazioni di protesta riguardassero solo il trattamento economico disparitario nei posti di lavoro e niente più.

Ero la ragazza di campagna un po' smarrita, curiosa, entusiasta, catapultata nella grande città ad assorbire le novità con i rumori assordanti, le luci inebrianti, le relazioni sconosciute ma accattivanti, come se fosse tutto solo da vivere senza perdite di tempo.

Ancora non capivo che, nonostante le diversità tra i sessi, fosse evidentemente importante la relazione in tutti i suoi aspetti affettivo e psicologico. Rispetto e comprensione non solo tra uomini e donne ma tra le persone in generale.

Il percorso di vita è impegnativo per tutti, zio, lo so, come questo corteo che ancora non si muove. Laggiù mi arriva un abbaglio.

Noooo, zio, ti prego, dimmi che non è vero, che non è lui! Adesso guardo meglio. Lo vedo. Mi vede? Saluta tutti, parenti amici, i miei parenti i miei amici.

Tutto questo è buffo quanto surreale dato che al funerale dei miei genitori nemmeno si è visto.

Dicevo i miei amici i miei parenti. Sì perché ora sono solo miei. Lui è stato un passeggero nella mia vita, un "turista per caso", un passaggio, un periodo della durata di diciassette anni, chiamato **marito.**

Arriva subito il tuo rimprovero con parole dette in dialetto: "Brutta figura di una nipote stai calma, fai finta di niente."

E tutto mi appare in una magica calma apparente.

III
NEL MIO MATRIMONIO

Fine anni 70, vacanze estive alternative dalle solite con i genitori o parenti.

Obbiettivo Sicilia andando in aereo con un amica, per la prima volta. Non stavo più nella pelle.

C'era una grande eccitazione non solo per l'aereo ma per la distanza; incontrare persone sconosciute o quasi con cui avremmo condiviso una abitazione.

Saremmo approdate su un'isola con il vulcano, con un mare mai visto, città nuove, fantastiche, storiche, dallo stile barocco.

Tutto da scoprire da conoscere da vivere in una località quasi esotica in cui saremmo atterrate per una inedita vacanza.

Per quel viaggio non avevo altre aspettative se non di vivere una bella vacanza in leggerezza, in allegria, diversa da quelle che avevo fatto fin'ora, fuori dalla normalità padana.

Non immaginavo certo che potesse riservarmi incontri particolari, come è successo, con un ragazzo, con il quale si era verificata una certa affinità cultural-poetica.

Tanto meno potevo pensare che con quel ragazzo, da semplice conoscenza, si trasformasse poi in un investimento per una vita sentimentale insieme. Eppure successe.

Incredibilmente in meno di due anni andammo a convivere a Soresina il mio paese d'origine. "Lui" scelse di allontanarsi dalla sua terra per un bisogno di cambiamento, lasciò il suo lavoro e la sua famiglia, allora un po' ingombrante, per vivere con me.

I miei genitori contenti di non pagare più bollette del telefono salate e benché non approvassero la convivenza, si accontentarono pur di avermi vicina.

Avevo iniziato il lavoro come Assistente Sociale, mi sentivo importante, richiesta, adulta, ma soprattutto facevo il lavoro per cui avevo studiato tanto.

Purtroppo quasi subito ho sperimentato in quella convivenza, qualcosa di simile che forse mi accomunava a mia madre. *"Tu taci"*.

Tanto ero pragmatica nel mio lavoro, tanto ero inconcludente nel nostro rapporto che non funzionava.

Nel lavoro ho avuto bisogno di tempo per imparare come muovermi e superare situazioni a volte scomode. L'aiuto prezioso di colleghi disponibili e più esperti, mi ha dato il giusto appoggio per affrontare, imparare e superare le difficoltà che ogni volta si presentavano.

Con loro si era creato un clima positivo di confronto e collaborazione soprattutto quando incontravo nei colloqui persone del mio stesso paese, e questo mi metteva un po' a disagio.

In casa con mio marito non era così.

Chiedevo, quando avvertivo incomprensioni tra noi: *"possiamo parlare"*?

Mi sentivo rispondere: *"Non cominciare a fare l'Assistente Sociale"*, e tutto scorreva via. O meglio sentivo scivolare addosso il senso di poca accoglienza e disistima che si concentrava in quella risposta.

Evitavo di discutere, tacevo e sopportavo. Tanto ero pragmatica nel mio lavoro, nulla funzionava nel rapporto di coppia.

Eravamo come due facce della luna, lui testa e tanto ragionamento, io cuore e tanta emotività.

Spesso tacevo senza reagire, come faceva mia madre: *"per il quieto vivere"*.

In quel momento mi sentivo simile a lei.

Forse anche lei aveva cercato di digerire certe risposte del mio papà, e sentire un sapore amaro scendere, lo stesso che ora provavo io.

Avevo l'impressione che la nostra relazione di coppia fosse vissuta *"in punta di forchetta"*, con riguardo per non offenderci, attenti a non discutere troppo per non urtarci, con la paura di scoprire chissà cosa.

Mai una forte confidenza, un raccontarsi reciproco profondo, un'esplosione, una bizzarria.

Si evitavano le discussioni accese, i confronti, e soprattutto gli scontri.

Pensavo, sbagliando, di meritarmi questo comportamento perché troppo esuberante e vivace, ricca di iniziative e forse troppo impegnata nel lavoro di Assistente Sociale quindi: *"lui, doveva proteggersi"*?

Avevamo iniziato subito la convivenza senza sperimentare il periodo di fidanzamento in cui ognuno di noi stando a casa proprio frequenta l'altro, la nostra conoscenza partiva nel modo sbagliato.

Prima solo telefonate lunghissime data la distanza, lui viveva in Sicilia.

Oltre al lavoro avevo altri interessi come il teatro e molte amicizie.

D'altronde ero nel paese in cui sono nata mentre *"lui"* no; ritenevo necessario fare qualcosa insieme, coltivare gli stessi interessi e rinunciare alla mia individualità.

Il teatro era una delle mie passioni più importanti così insieme facemmo le "maschere" volontarie al Teatro Sociale di Soresina durante le rappresentazioni teatrali.

Non nego di aver avuto l'aspettativa e un po' di pretesa, che *lui* doveva corteggiarmi, capirmi, essere sempre all'altezza in ogni situazione, farmi sentire principessa e fare in modo che la relazione funzionasse.

Altrettanto forse lo desiderava *"lui"* e quindi tra noi capitavano frequentemente contrasti e conflitti.

Mi ripetevo che funzionava così nel matrimonio, in fondo anche i miei genitori avevano periodi belli, felici e momenti di discussioni.

Dovevo metterci più impegno perchè tutto era nella norma.

Quanta immaturità sentimentale e affettiva avevamo.

Avevamo il cuore pieno di buoni propositi ma mancavano le parole e i gesti per esprimerli.

Purtroppo ho capito solo dopo anni, che il mio matrimonio non funzionava anche per le diversità che rappresentavamo.

Non eravamo pronti ad accettarle, ne tanto meno ad accettare che nessuno è buono o solo cattivo. Siamo luce e ombra insieme.

Siamo semplicemente imperfetti.

Forse non avevamo abbastanza autonomia per guardare al di là di convenzioni che diventavano convinzioni.

Eravamo spesso in competizione lui avrebbe voluto fare il mio lavoro; il suo essere impiegato, non lo appagava ma invidiava, criticando il tempo che mi dedicavo al sociale, alle relazioni, al teatro.

Diceva di sentirsi un passo dietro me e discuterne voleva dire litigare.

Non era una competizione sana era una gara a chi doveva arrivare primo su ogni cosa, soprattutto nel ragionamento.

Si discuteva molto, non di noi, ma su chi era più informato e preparato nei campi più diversi: legislativo, politico, sociale.

I sentimenti contavano poco o niente.

Inevitabilmente la relazione ad un certo punto si è svilita, impoverita, l'interesse dell'uno per l'altra è venuto meno e quindi si è interrotta.

Purtroppo allora, non avevo le conoscenze e gli strumenti necessari per affrontare questa situazione e fare in modo di recuperarla e riabilitarla.

Mi sentivo solo molto stanca, sola e provata, quindi ho lasciato che la relazione morisse di morte naturale.

E un giorno tutto finì.

Lui se ne andò da casa dicendo di voler chiudere con me e Soresina e di *lui* non ebbi più alcun contatto, se non attraverso gli avvocati.

Anche in questa occasione abbiamo dimostrato immaturità e scarsa umanità, solo tanta acredine covata nel tempo passando sopra ai numerosi anni di convivenza. Io rimasi sola in casa ad affrontare le delusioni e riprendere in mano la mia vita.

Lui andò a parlare ai miei genitori, ai miei parenti per giustificarsi e sentirsi meno in colpa, raccontando naturalmente a modo suo i fatti e le ragioni. Diceva "di voler essere corretto" facendo così, mentre spazzolava in banca i conti correnti di entrambi.

Peccato per chi gli ha creduto.

In seguito, al funerale dei miei genitori non si è nemmeno fatto vedere e tanto meno inviato alcun biglietto di condoglianze.

Col tempo e con tanta pazienza ho messo a fuoco i meccanismi personali che mettevo in atto inconsapevolmente nel rapporto di coppia.

Ho capito che non basta dire con la bocca ti voglio bene, ti amo per costruire una amicizia o un sentimento profondo. Ci vuole altro.

"Non nasciamo imparati". Conoscersi è l'inizio per costruire insieme, amicizia, stima, darsi sostegno, arrivare alla complicità e al rispetto reciproco.

Tutti questi aspetti ho scoperto che **li dovevo sperimentare prima di tutto per me stessa** quindi mi sono impegnata, ho rimboccato le maniche, mi sono data da fare per imparare e capire.

Ho lavorato sulla mia autostima, ho messo a fuoco i meccanismi rigidi che mettevo in atto nelle relazioni, mi sono aperta, ho ripreso a fare teatro a impegnarmi nei laboratori, adulti e ragazzi con l'obiettivo di far conoscere e riconoscere cosa fa stare bene ognuno di noi.

Con l'aiuto di chi mi ha voluto molto bene, ho imparato e migliorato il mio linguaggio affettivo ed emotivo cercando e ricreando le parole più adatte, più chiare e comprensibili per esprimere sentimenti ed emozioni.

Ho anche imparato a non pretendere sempre dagli altri qualcosa, ma di fare anch'io un passo verso l'altro e soprattutto ho superato la paura di sentirmi inadeguata e di poter ferire l'altro.

Se dovessi paragonare "lui" ad un fiore sarebbe la pianta dei fichi d'india.

Nella sua città d'origine ce ne sono tantissimi anche ai bordi delle strade.

Fioriti sono stupendi, curiosi, di incredibile bellezza ma pungenti e irritanti.

Personalmente i fichi d'india sono un frutto che non riesco proprio a gradire, anche a te, zio, non sono mai piaciuti vero?

No, non sto piangendo, non più, se non per te zio.

Adesso sono attenta e pronta per il corteo, mi do una bella scrollatina, come dice la mia amica Lina, e si riparte a testa alta.

Lina una cara amica dagli occhietti verdi e vispi, mi ha sempre incoraggiata e risollevata dal dolore e sofferenze forti; nonostante lei stessa abbia avuto perdite importanti.

IV
LINA

Intorno al 2000 ho incontrato Lina, che nel tempo è diventata amica-sorella.

L'ho conosciuta attraverso altre persone e colleghe di lavoro, subito mi ha colpito il suo modo socievole, accogliente e generoso.

Sempre pronta ad aiutare, a dire una buona parola a tutti, a trovare la soluzione per superare il problema.

Lina è anche una persona imprevedibile, divertente, burlona, appassionata, pronta alla battuta soprattutto quando usa il dialetto.

Una storica frase che le ripeteva suo papà in dialetto quando lei era triste per un ragazzo era: *"crida mia per nisoon, te det na pesada a na ses en salta fora 36"*.

Tradotto vuol dire. ***"Non piangere per nessun ragazzo che ti lascia. Dai un calcio a una siepe ne saltano fuori 36:"***. Quando sono giù di morale la ripeto anch'io, e inconsapevolmente inizio a sorridere.

Si occupava di ristorazione, gestiva insieme ad altri soci un locale/ristorante in centro a Cremona di ottima qualità, frequentato da tante persone e rinomato per l'ottima cucina. Ora lei è in pensione.

Nella sua vita ha fatto diversi lavori. Era ed è ancora molto intraprendente. Il suo primo impiego è stato da parrucchiera. Il suo talento spiccato è l'imprenditoria e la ristorazione.

Lina ha occhi verdi, capelli castano biondi, non è molto alta ma è una donna affascinante e notevolmente esuberante.

Con lei il divertimento, quello sano, bello, leggero è assicurato.

Molto informata su tanti argomenti ama parlare e confrontarsi con tutti è pronta a parlare anche di sé e a condividere le sue gioie insieme ai dolori.

Attualmente è nella fase **vintage** e, di conseguenza si veste e ricerca oggetti di quello stile.

Scambia cose anche con altri estimatori di oggetti come: piatti, tazzine, scodelle, sedie, lenzuola, tende, lanterne.

Per lei sono storie antiche, meritevoli di essere raccontate vuole dare loro nuove possibilità di vita, così dice di trasformare l'impossibile in possibile.

Quando viene a casa mia si appassiona ad aprire cassetti armadi, dice che conservo cose che la incuriosiscono.

A volte nemmeno io so di averle ma per lei sono un richiamo e gli oggetti rispondono e come per magia appaiono.

Trova sempre qualcosa a cui dare valore, le cose più semplici e spesso per me inutili, le prende le porta via e le trasforma, fedele al suo mantra esclama: vediamo cosa si può fare. Sempre contenta come un corsaro che ha trovato un cofano pieno d'oro.

Un giorno mi chiese se avevo degli stivaletti comodi con dentro un po' di pelo per lei, abbiamo quasi lo stesso numero di scarpe.

Eravamo d'inverno e tutti quelli che la stagione richiedeva, li avevo in bella vista, a portata di mano… anzi di piede.

In una stanza un armadietto pieno di scatole con scarpe e lei curiosando trovò una scatola con dei stivaletti neri con il pelo come desiderava lei.

Non pensavo di averli, ma lei li trovò.

Con immensa sorpresa sono rimasta basita nel vedere quella scatola, tra l'altro etichettata da me con la scritta del contenuto ma evidentemente dimenticata.

Secondo me Lina è una fata camuffata, appartiene alla categoria delle streghe buone che con una bacchetta magica fanno apparire le cose.

Magia? Follia? Bizzarria? La sua, la mia?

Alla fine con lei due risate, ed è sempre allegria.

Benché ci siamo incontrate in età adulta, ci siamo piaciute subito e frequentate con la curiosità di conoscerci sempre più.

Insieme abbiamo condiviso il mondo del volontariato, adoperandoci per le famiglie in difficoltà che chiedevano un sostegno.

Ci siamo interessate e messe a disposizione di persone che avevano stili di vita rischiosi, come chi fa uso di sostanze illegali. Abbiamo collaborato insieme, (nei Club). "Una Associazione costituita da gruppi di famiglie di auto mutuo aiuto, per il benessere ecologico famigliare e sociale".

Abbiamo imparato il rispetto di se e degli altri, il valore della vita, e ci siamo sostenute a vicenda.

Di lei ho sempre avuto un grande conforto quando ero disperata per le relazioni sbagliate che intraprendevo.

Ricordo, con grande simpatia, che una volta siamo andate al mare alcuni giorni insieme, con l'intenzione di farmi dimenticare un ragazzo.

Con lei sono stata bene ed ho riso tanto, ma tanto, nonostante le lacrime che ancora sprecavo per lui. Per farmi ridere mi ripeteva la frase del suo papà.

Per incoraggiarmi e sollevarmi dal mio dolore mi diceva: ***"Enri, è solo un uomo e nemmeno un gran che come persona. È un egoista supponente, ma sembra che ti abbia portato via l'anima. In questa situazione ti sei messa da sola e, da come la vedo io, non è la morte a rincorrerti, quindi, ora basta, fai qualcosa per te."***

Lei, che aveva sofferto molto nella sua vita in seguito a perdite importanti e inattese, con quella frase era come se mi avesse messo davanti ad uno specchio che rifletteva una luce fastidiosa in cui vedevo il mio disastro.

Piano piano con il suo aiuto cominciai a riprendermi e a farmi ritornare un po' di serenità.

Insieme ci piace gironzolare per negozi e fare shopping. Provare abiti scarpe fare progetti di moda, rubare idee e poi non comperare.

Ridiamo per le piccole cose e, stiamo così leggere e in serenità.

Ritengo che lei sia una grande motivatrice. Trova sempre le parole giuste per rilanciarsi e sciogliere l'incertezza.

Quando si è trattato di fare un acquisto importante; si è prestata di venire con me in concessionaria. Sono tornata con la macchina che mi piaceva e mi faceva sentire sicura sulla strada.

Se si tratta di decidere tra, farsi un regalo o stare solo a guardare per accontentarsi, lei opta per farsi il regalo, che più le piace.

Non dobbiamo piangerci addosso, è il suo mantra. Tutto quello che desideriamo e fa stare bene lo meritiamo.

Tranne il superfluo e l'inutile. Così succede anche nelle relazioni.

Lina, per me è una sorella, a tutt'oggi è ancora pronta ad ascoltarmi e a sostenermi. È un muro portante anche lei per me.

Io vivo da sola e, quando ho bisogno di essere ascoltata, è sempre presente.

Mi racconta molto di lei bambina, della sua famiglia, delle sue sorelle, della sua mamma e del fratello gemello.

Ascolto volentieri i suoi racconti ed essendo figlia unica, mi rivedo insieme a loro come parente acquisita.

Durante il periodo del Covid, che ha costretto tutti a rimanere chiusi in casa, isolati, ci scambiavamo paure e incertezze telefonicamente.

Lei mi chiamava spesso sapendomi sola.

Le sue paure insieme alle mie diventavano una molla potente per farci coraggio.

Tra le incognite del periodo, con le notizie preoccupanti dei max media, le nostre battute spiritose per sdrammatizzare, ci facevamo buona compagnia per superare la grande solitudine di quel brutto momento.

Durante l'epidemia ho confezionato 300 piccole casette di cartone, disegnate e dipinte da me.

Continuavo instancabilmente a produrne.

Per riempire il tempo e sentirmi meno sola.

Mi ripetevo che avrei regalato a tutti una casetta/lanterna in quanto la compagnia che avevano fatto a me la potevano fare ad altri.

Lanterne perché; le porte e le finestre erano ritagliate e mettendo all'interno un cero usciva una flebile luce.

Poi facevo brevi video delle casette con una poesia e li spedivo a Lina per avere la sua approvazione.

Se dovessi paragonare Lina ad un fiore sarebbe una Rosa glauca: rosellina selvatica di montagna. Estremamente robusta. Generosa nella fioritura, resistente alle intemperie e veloce nel crescere.

Tu, zio, sei uno dei miei muri maestri, come lo sono state le mie nonne, i miei genitori, altre poche persone e anche il teatro.
Tu sei anche un brontolone di prima classe. Ricordo da bambina, quando venivo da voi a giocare con Ettore, vostro figlio, ci rimproveravi perché eravamo troppo chiassosi. Mi sembrava che l'allegria e la leggerezza non ti piacessero. Riconosco però che avevi sempre la battuta pronta e il suggerimento saggio da dare. In questo mi ricordavi nonna Giovannina, tua mamma.

V
LE MIE NONNE

Ada e Giovanna erano le nonne, per me molto belle, diverse tra loro ma semplicemente belle.

Ada era la mamma della mia mamma e Giovanna, la mamma del mio papà chiamata da tutti Giovannina.

Ada era vedova, da sempre, di due mariti.

Uno morto in guerra e l'altro nel caseificio della Latteria Soresina a seguito di un grave infortunio, quando la mia mamma aveva tre anni.

Nonna Ada era di statura media un po' robusta e curva. Aveva i capelli lunghi e grigi, anzi bianchi e setosi, che raccoglieva in una crocchia in alto alla testa, non aveva denti e, nonostante ciò non portava protesi.

Aveva il mento leggermente sporgente, come le nonne dei racconti che ti leggono da bambini.

Era una fiaba, una leggenda, un cartone animato. Era la mia nonna.

Benché la vedessi vecchia, era piena di energia, non la sentivo mai lamentarsi, ed era la mia racconta-storie preferita.

Viveva con noi in un appartamento nelle case comunali, era la mia compagna di gioco e di camera da letto.

Aveva una gran paura dei temporali e se ne scoppiava uno e mi imbattevo con lei da sola in casa, mi faceva fare subito il segno della croce e mi portava al riparo, sotto il "muro maestro" della casa, il muro portante.

Faceva partire poi una sequela di preghiere che terminava quando il temporale cessava.

Aveva una paura indescrivibile dei temporali che per fortuna non mi ha trasmesso.

Ada era l'angelo guardiano del focolare. I miei genitori andavano entrambi al lavoro quindi la casa era in mano a lei. Cucinava e badava alla creatura. Io. Mi portava e veniva a prendermi da scuola.

Da piccolissima frequentavo l'asilo nido, poi a tre anni la scuola materna.

Successivamente, alle scuole elementari, che frequentavo dalla suore di Maria Bambina a Soresina, essendo lei diventata più anziana mi accompagnava alla macchina del Sig. Moro, una persona che faceva servizio taxi per altri bambini.

All'epoca, quando ero bambina, non c'erano i pulmini. Ogni famiglia si arrangiava e si organizzava individualmente.

Giovannina abitava con il nonno, Eugenio suo marito. Era alta, magra con la pelle olivastra, i capelli scuri, lunghi, raccolti in una crocchia dietro la nuca. Donna concreta, gentile, osservatrice, empatica. Lei mi raccontava come vivevano in tempo di guerra. Era avvincente sentirla parlare.

Quando andavo da lei giocavo molto; da sola, o con un'altra bambina che abitava nello stesso cortile della nonna. Giocavo con i giochi che erano stati di sua figlia, mia zia Bruna, sorella del mio papà, ormai grande.

Erano case di bambole con sale e salotti arredati, piccole cucine con i tegamini di alluminio e accessori da sembrare veri.

Mi sentivo la nipote preferita, forse ero anche l'unica nipote femmina a quel tempo.

Giovannina era definita da tutti una "bersagliera". Energica, sempre indaffarata a cucinare, a raccogliere nell'orto le verdure, a curare i fiori.

Nonostante abitasse in una casa di campagna all'interno di un paese, sembrava di vivere in cascina.

L'acqua si prendeva alla fontana *(detta sorba)* fuori nel cortile. Non c'era il bagno in casa, il gabinetto era in cortile, come fuori era la stalla adibita a dispensa e deposito della casa.

Mettevano salami, caciotte e tutti gli attrezzi che servivano al mio nonno Eugenio, per coltivare l'orto. Avevano anche un piccolo pollaio per le galline.

Il nonno era un uomo buono e un gran lavoratore.

Andare a casa della nonna Giovannina per me era come andare in vacanza.

Mi sentivo libera, accolta, coccolata e ascoltata. Lei era molto saggia.

La nonna ascoltava le persone che andavano a chiederle consigli, oppure per due chiacchiere e prendere qualcosa, come verdura, fiori o uova, lei si rendeva sempre disponibile. Era un via vai di gente, conosciuti e sconosciuti.

Stare a casa della nonna Giovannina era sempre una festa.

Da lei si uccideva il maiale e si facevano i salami. Al tempo della vendemmia si raccoglieva l'uva nell'orto che pigiavano in cortile (compreso il mio papà) nei tini di legno, per fare il vino.

Una casa quella dei nonni, eco-pedagogica, dall'indirizzo educativo.

Ho anche dormito da lei in un grande lettone di piume che prima era della zia Bruna.

All'epoca credo di aver anticipato i tempi come nipote che ha dormito fuori casa, dai nonni.

Ricordo lo scaldino di brace nel letto; le brace erano prese dalla stufa economica che funzionava a legna. Tutto era particolare a casa dei nonni paterni, diverso, ma maledettamente naturale e affascinante.

Almeno una volta la settimana andavo da nonna Giovannina ed era sempre una festa.

Quando ritornavo a casa mi sempre un mazzo di fiori ogni volta diversi.

Il giglio era il fiore che rigorosamente mi regalava a Giugno per portare in processione al Corpus-Domini.

Il giovedì restavamo a casa da scuola, e per alleggerire nonna Ada, i miei genitori mi dirottavano dalla nonna Giovannina che mi accoglieva sempre con grande piacere.

Spesso ritornavo da lei con il mio papà Annibale, anche il fine settimana, per un saluto veloce e festivo.

A Santa Lucia, il tredici di Dicembre, a Natale e successivamente al mio compleanno, mi faceva sempre regali rigorosamente utili: un cofanetto che conteneva tutto il necessario per cucire, l'anno successivo tutto il necessario per fare la maglia.

Sono stata una bambina fortunata, spensierata, lieta, gaia, ad aver avuto nonne così diverse, ma nello stesso tempo: meravigliose.

Una, affettiva emotiva, l'altra, concreta, generosa, solida.

Se dovessi paragonare le mie nonne a dei fiori direi che sono una il papavero e l'altra il mughetto.

Nonna Ada mi ricorda il papavero. Un fiore di campo che ora non cresce quasi più e, che appartiene alle piante erbacee. È vistoso per il colore rosso, rustico, con i petali fragili. Lo vedevo nei campi da bambina con le spighe e i fiordaliso. Ora non più.

Nonna Giovannina mi ricorda il mughetto. Fiore profumatissimo, dalla forma particolare, una piccola corona, bianco piccino nascosto dalle foglie.

Fiore generoso nella crescita, delicato e raffinato.

Nel suo giardino c'era una piccola ma rigogliosa aiuola, lei me ne raccoglieva sempre un mazzolino da portare a casa.

Intravedo nel corteo zia Bruna vicino ai suoi figli che piange a dirotto, mi commuove tanto, voi eravate tanto uniti. Lei era molto legata a te, siete stati fratelli, complici vi siete aiutati a vicenda e zia Bruna benchè fosse sempre stata la piccola della famiglia, ti è stata molto vicina e ti ha seguito negli anni della tua vedovanza.

VI
AMI-CI-ZIA BRUNA

- 27 -

Dovevi avere circa 9 anni quando sono nata e ti dissero che eri diventata zia.

Ma zia di cosa e poi perché? Immagino ti sarai chiesta.

Al tuo posto mi sarei sentita confusa, incredula, curiosa, stralunata, ma anche un po' più gelosa, in quanto le attenzioni che avevi avuto sinora da tutti in famiglia, perché la piccola, ora si sarebbero spostate ad un altro esserino, di cui poi tu eri zia.

Mi ricordo di te quando avevo nove anni e tu nove di più e mi dicevano che eri zia Bruna, la sorella più giovane di papà Annibale.

Io ti vedevo come una giovane ragazza che stava iniziando, in punta di piedi, per entrare nel mondo, lontana dall'immagine che avevo conosciuto delle vere zie.

Anita, la moglie dello zio Battista, e Rosa, la sorella della mia mamma.

Loro erano donne, signore di una certa età, il prototipo delle zie, almeno per me. Tu eri ragazza.

Ti chiamavano Brunetta, credo per il colore ambrato della tua carnagione e non ti ho percepito come zia, ma piuttosto come una sorella.

Da bambina mi sono sempre sentita protetta e al sicuro con te; eri un punto fermo nella scuola "Suore Immacolata", eri una garanzia, un orgoglio.

Quando venivo a scuola di cucito il giovedì, perché in vacanza dalla scuola, ed entravo nel grande laboratorio in cui lavoravi come ricamatrice con tante altre giovani donne, io mi sentivo rassicurata.

Di te sentivo parlare bene da tutti, soprattutto dalle suore, ricordo con piacere, il chiacchierio che si alzava nel salone quando entravo con altre bambine, e le tue compagne ti informavano dicendo: ***"Bruna è arrivata tua nipote Enrica"***. Ed io mi sentivo importante.

Di te ricordo il movimento e l'attenzione che mettevi nel cucire e ricamare su quel telaio, che sembrava quasi più grande di te.

La manualità precisa dei punti, i colori particolari dei disegni ricamati, sui paraventi sacerdotali, i movimenti con l'ago infilato nella seta, passata prima nella cera, che facevate per ricamare.

Per me era magia, trasformavi una tela preziosa ma bianca, in qualcosa di ancora più prezioso e speciale.

Mi affascinavano le tue mani, con le unghie curate sempre colorate con le dita affusolate.

Anche a ricamare le lenzuola eri bravissima, sapevi usare il tamburello, sapevi fare molti punti da ornamento, e molti altri come ricamo, eri estrosa, io ti percepivo così.

Un'altra simpatica immagine di te è quella con lo zio Ezio, tuo fidanzato. Spesso, il fine settimana partivate con la vespa, *o forse era una lambretta*, a fare le "gite". Vi immaginavo turisti e avventurieri che andavano a esplorare posti e luoghi lontani.

Io, nel mio essere bambina, vi vedevo, coraggiosi, che visitavate posti nuovi, affrontavate il traffico e la distanza di posti lontani.

Noi in famiglia non avevamo la macchina e nessuno la patente.

Con lo zio Ezio, prima tuo fidanzato, poi tuo marito, mi avete portato in vacanza al mare con voi ed è stata tutta una scoperta ed una bella avventura.

Con voi ho sperimentato per la prima volta le vacanze con la famiglia, in albergo.

Prima sono sempre stata solo in colonia, al mare con le signorine e in montagna con le suore.

In vacanza era come fossi vostra *"figlia"*, con me facevate le prove generali ad essere genitori. Dormivamo insieme nella stessa stanza e ridevamo tantissimo. Siete stati bellissimi.

In seguito è arrivato a colorare le vacanze estive anche il cugino Ettore, a cui tu, zia Bruna, eri molto affezionata, e ti sentivi particolarmente responsabile.

Eri attenta a quel bambolotto tenero, un po' sprovveduto, ma buono e bravo.

Le nostre vite, si sono intrecciate sempre più, non solo perché eravamo parenti ma ci legava qualcosa che andava oltre.

Nelle vicende personali e famigliari, siamo state sempre vicine e quando ci siamo allontanate perché gli accadimenti della vita portavano a distanziarci, non ci siamo però mai perse di vista.

I nonni, Giovannina ed Eugenio, i tuoi genitori, erano il forte collante per tutta la famiglia; e successivamente quando sei diventata moglie e mamma, con i tuoi figli Larissa ed Emanuele mi avete fatto sentire vicina a voi.

Grazie di tutto e per tutto ciò che ho potuto imparare da te, nelle vicen-
de belle e in quelle più tristi. Ti sei sempre dimostrata corretta e diretta,
e sempre rispettosa.

Oggi abbiamo sempre nove anni di differenza; ma a differenza di allora
siamo in sintonia nei sentimenti, nel modo di pensare e vedere il mondo.

Se da bambina quando stavamo insieme mi sentivo al sicuro, protetta e
capita, ora mi auguro, sia il mio turno per farti sentire, protetta e al sicu-
ro; e dai tuoi insegnamenti rispettosa nei tuoi confronti, e tanto ricono-
scente.

*Ora le campane battono con un pesante e continuo suono che si riper-
cuote nel petto dei presenti. Il ritmo delle campane scandisce il passo di
noi che ti stiamo accompagnando zio, come la musica accompagna la
danza.*

*Nel turbinio di emozioni e di ricordi tristi mi dirigo verso un punto pro-
spettico delimitato che mi fa intravedere il caro amico don Andrea.*

Mi sorride e mi saluta con discrezione.

*Vederlo e ascoltarlo pregare mi fa sentire risollevata. Il suo sorriso è
ancora lo stesso di quando mi ha accolto in oratorio proponendomi di
collaborare con lui per diverse attività.*

Io avrei condotto i laboratori di teatro.

Quanto ho appreso da lui, quanto è stato prezioso per me.

Oso dire di aver conosciuto un altro muro maestro.

VII

DEDICATO A...

Questo scritto l'ho dedicato a don Andrea nel giorno della sua partenza dall'oratorio di Soresina nel Settembre 2020.

Una serata confezionata per lui per salutarlo tutti insieme, uno spettacolo di canzoni e prosa.

Quando venne il mio turno esordii con una dedica che avevo scritto apposta per lui e recitava così:

"Questa scatolina don, me l'hai regalata tu e mi hai detto: ***"Ecco questa è tua fanne quello che vuoi"***. Io l'ho riempita di alcuni ricordi.

Ho messo dentro quando ti ho chiesto se potevi darmi una stanza in oratorio per fare i laboratori di teatro con i ragazzi e con gli adulti.

Tu, senza tanti giri di parole mi hai detto: *"Certo che sì. Fai come se fossi a casa tua"*.

Mi sono detta che quella era un'accoglienza insolita, di grande apertura e collaborazione senza dettami e pensai *"grandissimo questo don"*.

Dopo qualche giorno ti ho sentito dire ad un gruppetto dei tuoi ragazzi in oratorio: *"Ehi, tenete in ordine, vedo in giro carte e altro, toglietele e mettetele nei cestini. L'oratorio è anche casa vostra e io non sono il cameriere di tutti"*.

In quel momento capii che non avevo bisogno di avere *"quei"* dettami o le regole di convivenza, era implicito che essendo l'oratorio anche casa mia avrei dovuto collaborare con gli altri per tenere ordinato e pulito.

Semplice e chiaro, aperto e generoso.

Tu sei così, sei uno *"avanti"* nelle relazioni con le persone.

Intuitivo, accogliente, diffidente-prudente, ma che non vuole giudicare.

Avresti nel tempo voluto realizzare, un progetto grandioso: l'oratorio sarebbe diventato un polo di attività laboratoriali diverse, in cui bambini, ragazzi e adulti potevano partecipare, incontrarsi, conoscersi, stare bene insieme e apprendere.

Un luogo dove convogliare le risorse e accendere nuove torce.

Una fucina di attività diverse per chiunque dove lo sport era l'eccellenza di tutti.

Nella scatolina, ho messo dentro anche quella volta che mi hai chiesto di fare la Madonna per i bambini del catechismo di terza elementare.

Ricordo che, vista la mia espressione, mi hai rassicurata dicendomi che sarebbe stata una cosa semplice; un'intervista alla Madonna come mamma di Gesù, da rappresentare ai bambini di terza elementare.

Mi hai garantito che avrei avuto anche gli abiti giusti per entrare nel personaggio di Maria, la Madonna.

Quindi, secondo te era tutto a posto, tutto molto semplice e naturale. Come dirti di no!

Ho accettato, mi sono messa in gioco coinvolgendo l'amica Luisa senza saper cosa saremmo andate incontro. Io Madonna Luisa l'intervistatore.

In seguito a casa mia mi sono sentita le rane nella pancia al solo pensiero di fare questa performance.

Grazie. È stata una bellissima esperienza, commovente e arricchente.

Ho inserito nella scatolina lo stupore che ho colto sul tuo viso un pomeriggio quando all'improvviso salutandoti ho detto: *"Ciao dottore"*.

Con il sorrisetto che ti contraddistingue ti sei voltato e mi hai precisato che non eri dottore ma un semplice vicario di oratorio.

Allora ho specificato che tu eri il **dottore delle anime;** ed eri molto qualificato in quanto avevi dimostrato di essere un nodo importante nella rete sociale, istituzionale e relazionale del nostro paese.

Vedo ancora l'espressione ironica che hai avuto a quel saluto e insieme alle tue parole con un gesto mi mandasti al...

Nella scatola ho messo anche le nuove conoscenze, acquisite per merito del tuo tramite, giovani e non e ritrovarne altre, che avevo perso di vista.

Il piacere di stare con gli altri , il piacere del gioco, il desiderio di creare e inventare, il significato del rispetto, saper accogliere e cogliere anche alcune piccole lacrime di disperazione nei giovani e nei bambini.

Inoltre ho messo l'importanza dell'ascolto e l'indescrivibile voglia di stare bene e far stare bene gli altri.

Ho aggiunto il tuo modo apparente di essere scanzonato, leggero e divertente, che nasconde invece una particolare attenzione, lucidità e serietà con cui affronti le situazioni.

E soprattutto la gratitudine, la stima e il rispetto che provo per te e... **sorpresa delle sorprese, la scatola non è ancora piena.**

Ora la tua missione Don è stata trasferita altrove, ci vediamo raramen-

te e ci sentiamo al bisogno per telefono, ma continui ad essere aperto e generoso.
Ti ho portato un ricordino che dopo la cerimonia dello zio ti voglio re-galare.

Intravedo vicino a te don, due care amiche d'infanzia.
Scusa se mi sposto. Mi avvicino a loro e ci abbracciamo con affetto.
Dopo un periodo di crisi in cui siamo rimaste lontane per un po', ri-
petiamo contemporaneamente commosse: "scusa, scusa…".

VIII

QUELLE DUE BIMBETTE

Mancava poco alla mia pensione, quando un giorno mi trovai in una situazione di grande impasse con una amica d'infanzia.

Dalla nascita fino a dopo la maturità abitavamo nello stesso agglomerato di case. Insieme andavamo all'oratorio, alla messa la domenica, giocavamo a pallacanestro, a carte, giocavamo anche con altri bambini sia, nel grande cortile del nostro caseggiato sia in quello vicino dove abitavano i figli dei casari.

Saltavamo su e giù da grandi tronchi di legna ammucchiati e sistemati dagli adulti nel cortile per essere tagliati e poi bruciati o nel camino per scaldarsi, o nella stufa economica a legna per cucinare.

Oppure venivano utilizzati anche per scaldare l'acqua in appositi fornaci per fare il bucato sotto il lavatoio in cortile comune a tutti.

Durante la mia infanzia le donne lavavano in cortile in giorni stabiliti e insieme.

Le macchine lavatrici si sono viste nelle famiglie intorno agli anni sessanta.

Lavare la biancheria a mano in giorni prestabiliti della settimana, dove abitavo, era un rituale magico.

Il profumo della legna che bruciava per scaldare l'acqua, il vociare delle donne, il picchiare sulle assi di legno le lenzuola per pulirle meglio, e infine i panni stesi nel cortile che riempivano tutto lo spazio mettendo allegria.

Il ricordo di quel mondo antico, forse un po' piccolo, ma ricco di affetto e di umanità, è ancora presente e vivo in me.

Mi fa risentire, il profumo del sapone e della lisciva che le donne mettevano nel mastello con l'acqua calda per il bucato.

Guardavo dalla finestra le lavandaie che cantavano, tra cui anche mia zia Rosa che salutavo con la mano e mandavo baci. Lei era una ottima lavandaia.

Il gioco preferito di noi bambine era giocare al lupo con le pecore.

Noi facevamo le pecorelle e un bambino nostro amico faceva il lupo.

Ci rincorreva per prenderci e il grande piacere e divertimento era quello di correre a più non posso ma, quando il lupo era vicino a noi, fermarci e dire: *"tric e tric-trac"*.

Lo fermavamo all'improvviso con le parole e con i gesti delle mani, come se stessimo chiudendo la porta con il catenaccio, e quindi lui era fuori e non poteva più mangiarci.

Rimaneva a bocca aperta ma non si lamentava mai perchè non riusciva a prenderci, anzi si divertiva tantissimo e tutti insieme iniziavamo a ridere.

In seguito, da adulte, dopo la maturità, ci siamo un po' perse di vista; io mi sono spostata a Brescia per proseguire a studiare, mentre lei ha iniziato a lavorare.

Ripensando all'amica d'infanzia, alle simpatiche e divertenti complicità nei giochi che facevamo, ai momenti belli e preziosi che abbiamo trascorso insieme da bambine e da ragazze, mi dico: *"Quei vissuti non me li toglierà nessuno, nemmeno le avversità della vita"*.

Gli interessi e gli impegni sono cambiati per tutti ma rimangono fortunatamente i bei ricordi.

Ora c'è il piacere di un saluto, di un caffè insieme quando ci incontriamo, o di mangiare insieme una pizza se possiamo.

Accompagnando il tutto da qualche sana risata, e poi via, alle nostre quotidianità.

Con il senno di poi mi spiace di aver congelato il rapporto per un po' di tempo.

Riconosco di essermi mostrata, da pecorella giocosa a una *caprona* orgogliosa. Le persone possono sbagliare per motivi che spesso sono difficili da immaginare da un solo punto di vista.

In seguito però, con la morte di un caro zio, al suo funerale, ci siamo abbracciate chiedendoci scusa a vicenda e riprendendo l'amicizia interrotta.

Carissima amica d'infanzia gli errori sono come i ricordi che nascondi in cantina, puoi chiuderli dentro a una scatola e infilarli in fondo a un armadio e magari dimenticarla. Ma come per incanto affiorano sempre, e per fortuna.

Da qualche parte del nostro cuore, sappiamo sempre cosa contiene la scatola, e soprattutto non dimentichiamo mai di poterla aprire.

Nella mia scatola dei ricordi escono ancora quelle due bimbette che ridono, giocano, raccontano i loro segreti scherzano con leggerezza e allegria.

Eccomi zio sono ancora qua attenta e presente, ho salutato le due amiche d'infanzia con le quali ho scambiato tanta commozione.

Ogni tanto la mente va a ricordi lontani che fanno affiorare emozioni. Stavo pensando ai miei passaggi di vita lavorativa.

Tu apprezzavi il mio lavoro sia come operatore nel sociale sia nel teatro con i bambini e con gli adulti a cui mi dedico da anni.

*Ridendo e scherzando mi dicevi che ero una **"bella sagoma"** ma facevo le cose con passione.*

Non sempre capivi cosa io facessi, ma rispettavi e mi incoraggiavi.

Questa giornata è ricca di incontri, di perdite, di passione e di acquisizioni emotive inedite.

Non voglio pensare però che domani non ti rivedrò e per allontanare il pensiero scherzo e ti chiedo:"Io oggi mi sento un fiordaliso e tu zio, se fossi un fiore, che fiore saresti"?

*In dialetto mi rispondi con un sorrisetto: **"Guarda nipote cara, fa' la brava almeno adesso".***

IX
FIORDALISO

Amo i fiori di campo.

Fiordaliso, Ranuncoli, Papaveri, Non Ti Scordar di Me.

Li amo perché sono fiori che ricordo di aver visto da bambina e riportano alla mia infanzia.

Quando andavo in bicicletta nei dintorni del mio paese vedevo i campi colmi di questi fiori e mi sentivo a casa.

Mi facevano sentire allegra, serena, giocosa. Forse perché li vedevo soprattutto nella stagione estiva in cui non c'erano grossi impegni scolastici e si stava in libertà a giocare con le amiche.

Oggi mi sento Fiordaliso. In passato mi sono sentita anche Papavero e Mughetto. Oggi Fiordaliso.

Il colore soprattutto mi riporta alla mia fanciullezza, con i profumi dell'estate, dell'erba nei campi con le spighe.

Dicono che il fiordaliso sia il fiore che rappresenta l'amicizia, la leggerezza e l'ascolto interiore.

Non ho approfondito la questione ma le diverse definizioni e significati mi piacciono, mi appartengono, mi sento similare soprattutto nell'ascolto interiore in quanto mi riconosco in questa definizione.

E con la leggerezza e l'ironia, che mi distinguono, aggiungo di avere i miei tempi per l'ascolto interiore, a volte veloci a volte più lenti.

Mi ritengo però un po' sprovveduta nelle relazioni con gli altri.

Il mio dire: *"ho i miei tempi per capire e/o capirmi che accolgo e rispetto"*.

Sicuramente oggi mi riconosco nel Fiordaliso anche se molti altri fiori mi appartengono.

Tutti sono raccolti in un silenzio solenne, il prete si sta preparando per la benedizione e per dire alcune parole di te.

Prima della funzione mi ha chiesto che persona eri, cosa hai fatto nella tua vita e che grado di parentela abbiamo.

*Gli ho detto che sei il mio zio paterno, **il muro maestro per molti**, che ti sei dedicato alla famiglia con impegno e affetto, che eri il fratello maggiore di tre, il più longevo.*

Lo zio che nella tua vita "ha sistemato la testa a tutti".

Scusa se mi sono permessa una piccola ironia su di te.

Facevi il parrucchiere quindi hai sistemato tante teste! Il prete ha sorriso, ha apprezzato quanto gli ho detto e nell'omelia ha evocato con garbo e riconoscenza anche questa simpatica notizia.

Zietto caro arriverò alla tua età con mente lucida e saggia che avevi?

Intanto penso e mi ripasso come sono stati i miei cambiamenti lavorativi e non, come li ho affrontati e come li ho superati.

Ho sperimentato che i cambiamenti fanno paura, ma portano anche miglioramenti.

X

TUTTO È INIZIATO CON...

Il cambiamento.

Questa è la parola che mi arriva prima di tante altre.

Il cambiamento quando arriva non aspetta nessuno.

Ti devi adeguare, modificare, non fermarti a ragionare, magari subire per poi capire.

Parlo del cambiamento Istituzionale lavorativo.

Quello personale c'era stato prima, proseguiva durante e successivamente.

Ho iniziato a lavorare come operatore sociale in diversi servizi psico-sociali quando ancora era C.S.Z. Consorzio Sanitario di Zona. Zampettavo sul territorio per garantire ai comuni che appartenevano al C.S.Z., accoglienza e counseling alle persone.

La sede rimaneva sempre Soresina in cui si rientrava a fine giornata.

Ho fatto ottime conoscenze ed esperienze; il mio lavoro mi ha aiutato a formarmi e ad arricchirmi. Con i colleghi c'era una buona sintonia e collaborazione così con i responsabili e referenti dei vari servizi.

Il cambiamento istituzionale a cui mi riferisco e su cui pongo l'attenzione è quello degli anni 2000. In quell'epoca si trasformarono i Comitati sanitari di zona, in azienda sanitaria U.S.S.L di Cremona, in seguito diventate ASL.

L'innovazione ha chiuso tutti i servizi psico sociali del territorio per concentrare il tutto a Cremona compresi gli operatori.

Quindi io, e altri con il mio stesso ruolo, siamo stati catapultati nel capoluogo nella nuova sede.

Noi, Ass. Sociali, eravamo "ammucchiate" in un unico ufficio, insieme ad altre colleghe, assunte da pochissimo, che ancora non conoscevo.

Eravamo come un mazzo di fiori diversi, stipati, ammucchiati, in un vaso piccolissimo e senza acqua. Condividevamo una stanza ristretta uno spazio ridottissimo.

Incontravamo le persone e nei colloqui ci disturbavamo a vicenda, i discorsi e le parole si sovrapponevano; non c'era un minimo di privacy per un dialogo riservato.

Un cambiamento sussultorio ondulatorio. La parola d'ordine era: adeguarsi.

E come recita una famosa frase: *"il morbo infuria, il pan ci manca, sul ponte sventola bandiera bianca"*. Così eravamo noi, soldati al fronte tra azioni bellicose, scontri al posto di incontri.

Era tutto un caos, cambiamento di sede di lavoro, i colleghi, i referenti istituzionali, cambiati gli iter burocratici, le impiegati a cui rivolgersi per le pratiche.

Non stavamo bene, mi sentivo, confusa, demotivata, mal trattata.

Ma è stato proprio grazie a questo macello che trovai una soluzione, che avrebbe dato una svolta interessante alla mia professione, una vera e propria via di uscita. Anzi due.

La prima è stata quella di chiedere senza indugi l'assegnazione ad un altro servizio. Ero stanca e molto provata emotivamente; di occuparmi di adozioni e famiglie con minori, di allontanamenti e affido. Non reggevo più la sofferenza e l'impotenza che avvertivo negli interventi in cui ero catapultata.

Chiesi di essere spostata nel servizio alcologia. Da tempo mi occupavo e collaboravo con i colleghi del SERT per problematiche alcol correlate. E così avvenne.

Fui spostata al servizio dipendenze del Sert, diventato in seguito SERD in quanto include tutte le dipendenze; il gioco d'azzardo, l'assunzione di psicofarmaci il tabagismo e altri comportamenti rischiosi per il bene delle persone e della famiglia.

Mi occupavo soprattutto di coloro che venivano fermati dalle forze dell'ordine perché in possesso di sostanze illegali.

Collaboravo quindi con la Prefettura di Cremona quale referente istituzionale del provvedimento.

Erano soprattutto giovani che dovevano svolgere un percorso di cambiamento attraverso un iter di circa sei mesi.

Benché mi sentissi inesperta nel settore delle *dipendenze* mi sono arricchita con l'aiuto di colleghi e nuove e importanti conoscenze.

Eravamo parecchi, circa venti, quindi un confronto ampio e ricco.

L'altra via d'uscita è stata quella di iscrivermi alla scuola di **Teatro Terapia di Walter Orioli** a Varedo (Monza Brianza).

Un radicale cambiamento.

Fu per caso che vidi una pubblicazione sulla scuola con i corsi e gli orari. Presto e subito mi sono interessata, informata e iscritta.

Dopo pochi mesi frequentavo il primo corso della scuola triennale di operatore in Teatro Terapia.

Una grande innovazione per me ma anche nel mio lavoro come Assistente Sociale.

A cascata ne beneficiarono tutti coloro con cui mi relazionavo.

È stato come aver fatto un bagno in una piscina rigeneratrice e miracolosa.

Fuori dal mio lavoro, proseguivo con i laboratori di teatro che tenevo con bambini/ragazzi e adulti. Nei corsi della scuola di Teatro Terapia imparavo cose nuove e molto interessanti che introducevo e sperimentavo nei laboratori.

Contemporaneamente il percorso di analisi personale che avevo intrapreso stava portando non solo sacrifici ma anche benefici.

Purtroppo contemporaneamente, nel mese di Agosto 2002 morì il caro papà. A seguito di un ictus dopo due mesi di grave sofferenza senza alcun rimedio, se ne andò per sempre.

Nel frattempo anche la mia mamma era stata trattenuta in ospedale per accertamenti in seguito alla celiachia che l'aveva resa magrissima perché intollerante e sensibile a diversi cibi, mesi terribili per me.

Poi tutto è finito ed è ricominciato un nuovo inizio con un cambiamento.

Il sapere, come la memoria è un bene prezioso, ci aiuta a codificare, ad assimilare, a cambiare. Riconosciamo chi siamo e cosa siamo portati a fare, anche se a volte ricordare, disturba.

ALTRI CAMBIAMENTI

Altri e nuovi cambiamenti. Alcuni spiacevoli come la morte del mio caro papà Annibale e la chiusura di una relazione amorosa, poco sana.

Altri invece innovativi e liberatori come la scuola di teatro terapia, il nuovo lavoro al Serd con nuove conoscenze e amicizie.

Era da circa, due anni che lavoravo nel servizio dipendenze, quando una mattina incontrai un'amica: Santina, *(di lei ho scritto nel libro precedente, dell'autostima).*

Era con suor Virginia la responsabile di una comunità terapeutica femminile di Marzalengo, vicino a Cremona.

Suor Virginia appariva tutt'altro che una suora. Era vestita normalmente, gonna in jeans, felpa, scarpe basse da ginnastica, capelli corti, sorridente e molto brillante nell'approccio con gli altri.

Santina mi salutò con caloroso affetto, mostrando gioia nell'avermi ritrovata dopo tanto tempo.

Ha voluto sapere tutto di me del personal-sentimentale, se continuavo con il teatro e se mi trovassi bene nel nuovo servizio.

In fretta e furia, con l'emozione che mi chiudeva la gola, ho sintetizzato alcuni fatti tra cui la scuola di teatro terapia.

Lei mi aggiornò che aveva cessato l'attività di Assistente Sociale in Comune a Cremona, in quanto, avendo quattro figli, aveva preferito dedicarsi alla famiglia.

La trovai empatica come sempre, cordiale e brillante.

Aveva continuato a svolgere, per alcune ore al giorno, attività di volontariato come Ass.Sociale, nel suo quartiere e presso la Comunità femminile di Marzalengo.

Dopo avermi presentata alla sua accompagnatrice, aggiunse di tenermi in considerazione per avviare un progetto di teatro terapia, con le ragazze in comunità.

Ussignurrr, cosaaaa???

Si sono messe a parlare tra loro e, a progettare, io ascoltavo eccitata, seguivo ma non capivo, mentre loro discutevano.

In seguito capii, eccome se capii.

Suor Virginia, che da pochi mesi era stata incaricata come dirigente della Comunità, stava cercando idee nuove e spunti innovativi da proporre nel percorso con le ragazze.

Quindi le sembrò un'idea interessante prendere in considerazione quella di inserire la teatro terapia nel gruppo delle donne che già svolgevano altre attività previste per il loro percorso riabilitativo, con me sarebbe stato un ulteriore supporto e arricchimento.

Successivamente, suor Virginia, mi chiamò in comunità e mi chiese di elaborare un progetto da realizzare con le ragazze.

Sarebbe stato un progetto sperimentale della durata di circa sei mesi.

Ero eccitata, meravigliata, strabiliata, confusa ma convinta di ciò che andavo a proporre.

Ma la parte migliore arrivò in seguito con il progetto **"PENSO A ME"**.

XII

COME NASCE "PENSO A ME"

Premetto: preferisco definire la persona *"tossicodipendente"* assuntrice *o assuntore di sostanze stupefacenti,* è un individuo con vissuti di sofferenza importanti e un psichico che si manifesta in particolari comportamenti legati al consumo e all'eccessivo uso di sostanze legali e illegali.

Il piacere che la persona ne ricava non è legato solo allo *"sballo"* ma anche all'idea della trasgressione.

La persona *"tossicodipendente"*, ha un "io" indebolito e un apparato psichico a volte impoverito, gli obbiettivi e le finalità di cui ho tenuto conto in seguito, rispetto al progetto nella prima stesura di **"Penso a me"**, sono stati necessariamente mirati a offrire:

- un'altra cultura del piacere attraverso il gioco del teatro,

- creare nuove opportunità emozionali-affettive e relazionali-culturali,

- stimolare la curiosità e la conoscenza di altre vie adrenaliniche che agiscono sul battito cardiaco, sulla ventilazione, su tutto il movimento del corpo – mente – anima.

Penso a me, prende in prestito il nome, dal progetto globale che la comunità presenta nella sua seconda fase di percorso formativo: **"PENSO A ME"**.

La prima fase rientra in quello che definiscono pronta accoglienza.

La persona viene accolta in un momento di estremo bisogno e di emergenza in una fase delicata in cui viene ospitata e monitorata dal punto di vista soprattutto sanitario.

Ho proceduto così a delineare un laboratorio teatrale che avesse particolari caratteristiche, tenendo conto del percorso che la comunità propone alle sue ospiti.

Ho puntato soprattutto sulla comunicazione e/o relazione, un momento tutto per loro, un'attività e uno spazio che recuperasse il "quotidiano" e lo trasformasse in "extra quotidiano".

Una attenzione particolare alla convivenza e quindi al legame che si crea tra loro ragazze, e tra loro e le educatrici/operatori della comunità.

Ho cercato di non trascurare l'aspetto aggregante del gruppo, alla creatività di ognuna, alla dimensione educativa e a quella espressiva.

Una particolare attenzione e riflessione sul fatto che la convivenza si costruirà tra persone sconosciute che non si sono scelte.

Ho previsto e richiesto, con le operatrici della comunità, un momento di confronto e di scambio per lavorare insieme al meglio su questo aspetto.

Andavo al mercoledì di ogni settimana, mi piaceva e mi coinvolgeva molto. Avevo il supporto e la fresca preparazione della scuola di teatro terapia, inoltre erano ore, quelle impiegate in comunità, che le qualificavano tirocinanti per la scuola di T.T.

Eravamo a Maggio 2003 quando cominciai a incontrare il primo gruppo delle ragazze in comunità per la teatro terapia.

Purtroppo interrotto nel 2020 causa Covid.

Come dici zio? Mi vedi distratta?

Sì… no… non lo so.

Ripasso la mia e la tua esistenza.

Tu hai accudito zia Anita, tua moglie, per molti anni con affetto e co-stanza senza mai cedere, ne mollare, senza far pesare a nessuno il tuo dolore.

Anzi portavi sostegno e appoggio a chi te lo chiedeva.

Quanto coraggio hai dimostrato!

Sei stato ammirevole.

Lo zio, maestro di coraggio e di insegnamento.

Perdonami se non sono stata troppo presente in quel periodo, ero molto assorbita dalla Comunità terapeutica femminile di Marzalengo.

Come la mia mamma, avevi timore per me, che mi relazionavo a "gente poco raccomandabile" di cui si doveva stare distanti.

Realtà, quella della comunità di Marzalengo, che più di tutte mi ha formato professionalmente e umanamente.

XIII

L'UMILTÀ E IL CORAGGIO DI NON MOLLARE

Iniziò nel 2003 la mia avventura nella comunità terapeutica femminile di Marzalengo in compagnia dei miei cento timori; mille curiosità, centomila incertezze, milioni di propositi accompagnati dalla voglia di riuscire a fare qualcosa di utile sia per me sia per le ragazze.

Avevo carta bianca per la presentazione del primo incontro, in cui avrei spiegato la finalità del gruppo di T.T. e cosa avremmo fatto insieme il Mercoledì.

Dopo essermi presentata ho spiegato le mie idee che consistevano in incontri di gruppo, e avrei lavorato con loro **sull'autostima.**

Ho parlato di autostima e del valore che ognuno dovrebbe avere per se stessi senza aspettarsi dagli altri riconoscimenti; ho conosciuto persone meritevoli, con tante potenzialità da riscoprire e riattivare.

Percepivo da parte loro attenzione a ciò che stavo dicendo e spiegando.

Sembravano interessate e questo mi diede di più coraggio e fiducia nel proseguire e proporre ciò che avevo pensato.

Ne vale sempre la pena fu la mia prima proposta.

Mettendomi nei loro panni mi domandavo cosa avrebbe spinto loro a parlare con me a chiedere qualcosa, ad una sconosciuta, a confidarsi.

Che motivo avevano per parlare senza sentirsi direttamente, interrogate e/o coinvolte, giudicate.

Inventai lo strumento della ciotola.

Proposi di mettere al centro della stanza una ciotola immaginaria nella quale ogni partecipante poteva mettere o togliere, sentimenti, emozioni, pensieri nuovi e pensieri antichi.

Deporre pesantezze da cui liberarsi, e prendere leggerezze di cui alimentarsi.

Mi dicevo che la ciotola poteva essere un mediatore importante, nel quale ognuno poteva depositare uno stato d'animo presente o passato, conosciuto o sconosciuto.

Un semplice gioco, semplice ma efficace che garantiva sia la serenità di potersi esprimere, sia la libertà di parlare senza essere giudicati.

L'altra proposta fu appunto **il non giudizio.**

Concetto importante per raggiungere una accettabile autostima, ad ogni incontro l'avrei proposto, sottoposto, ribadito, rilanciato, sottolineato.

Non giudichiamo ma osserviamo.

Abbiamo lavorato parecchio sul concetto del non giudizio, in quanto i primi giudici siamo noi stessi, e la modalità di sentenziare, anziché di capire, si espande anche sugli altri.

Non giudicare vuol dire dare valore emotivo a tutto ciò che riteniamo importante per noi nella nostra vita, evitando però, di cadere nella trappola che, solo i nostri valori e le nostre idee sono la realtà assoluta e non ne esistono altri.

Spesso consideriamo che i nostri punti di vista siano la vera e assoluta realtà evitando di accettare che desideri e preferenze possano essere solo soggettive e non sempre oggettive.

Smettere di giudicarsi? Bel proposito. Ma è possibile? Suona come "Smettere di respirare". Viviamo in una società come quella odierna, dove giudichiamo da come respiriamo a mattina e sera. Ma come migliorerebbe la nostra vita se mettessimo a tacere la vocina interiore che passa il tempo a giudicare tutto il mondo cominciando da noi stessi?

E se nello stesso tempo smettessimo di stare male per i giudizi e le critiche degli altri che liberazione sarebbe?

Così Mercoledì dopo Mercoledì insieme, tra alti e bassi, tra sorrisi e pianti, tra vicinanze e lontananze, con pazienza e costanza, partì il progetto del gruppo di teatro terapia che sarebbe dovuto durare massimo sei mesi come sperimentale. Proseguì invece per circa 15 anni, interrompendosi causa Covid, nel 2020.

Rifarei tutto da capo. Tanto apprendimento e scambio. Nessun pentimento.

Come un bravo e abile ladro mi sono portata via il saper:

- Mettere a tacere i pensieri limitanti e i comportamenti inconsci acquisiti dai parenti, amici e dall'ambiente che ci circonda.

- Passare dal giudizio all'osservazione.

- Sostituire le proprie esigente con le preferenze.

- Superare le paure per amare, far emergere le risorse e liberare le energie positive.

Ritornando al giro di ciotola il significato costruttivo era quello di provare a parlare di noi agli altri.

Provare ad esprimere con le parole che abbiamo a disposizione cosa sentiamo dentro per condividerlo con altri.

Imparare ad andare oltre il dire: *"mi piace, non mi piace"*, *"va bene va male"*.

Dentro di noi c'è un mondo nascosto da scoprire **insieme,** che preme per uscire e farsi sentire.

Imparare a fidarsi di chi ascolta e ascoltare per dare fiducia.

Concludo con una riflessione che una tirocinante del corso di laurea come educatore; Ester scelse di fare la sua esperienza di tirocinio il mercoledì nel gruppo di T.T. Partecipò con grande interesse agli incontri del mercoledì, il suo obiettivo era di apprendere il più possibile per fare la tesi sull'argomento, a fine corso. Si è resa disponibile mettendosi in gioco al pari di tutte, senza riserve e senza pretendere un ruolo diverso, distaccato. Questo è il suo pensiero riguardo l'esperienza vissuta:

"Sono una bandiera nel vento di questa sera, sono una persona che sta nel mezzo e mi sento una persona da un pezzo, ma un evento mi ha fatto crollare".

Un evento mi ha fatto perdere la fiducia, mi ha portato a non credere più a ciò che credevo prima. Non ho più tante certezze e sicurezze in quel che sto facendo.

È realtà o sto fingendo?

Di una cosa sono sicura, continuare a fare ciò che mi piace fare, che mi rende utile e felice. L'esperienza che mi ha fatto innamorare di persone speciali dalle quali imparare.

Imparare almeno due valori importanti:

L'UMILTÀ e il CORAGGIO di NON MOLLARE.

E così caro zio tutto torna al proprio posto.

Adesso dovrò affrontare un altro cambiamento che non è lavorativo ma un nuovo strappo personale, il tuo.

Lo è stato prima, con la perdita di papà Annibale e poi di mamma Tina.

Tu eri presente, mi hai appoggiato sei stato una stampella, un riferimento prezioso. Ricordarlo disturba ma questo bene prezioso che è la memoria spero possa aiutarci a fissare nei nostri cuori tutto il bello del vissuto insieme nella famiglia.

Ancora una volta imparerò a codificare, ad assimilare e se possibile, accettare di cambiare.

Lasciami zio raccontare due storielle simpatiche e divertenti sul cambiamento emerse dai laboratori di teatro sull'autostima che tengo con gli adulti.

XIV
LA METAFORA DEL CANE NELLA CUCCIA

- 55 -

Alla fine di un percorso sull'autostima, che un giovane uomo aveva intrapreso nel laboratorio da me, dove sosteneva di stare meglio e mi ringraziava, chiesi di riassumere con parole sue cosa fosse successo durante il nostro lavoro insieme, dato che affermava di sentirsi *più sicuro di sé, di ciò che provava e si sentiva di camminare da solo.*

Inoltre cosa avesse capito, ed elaborato e spiegasse il significato di quelle affermazioni.

Lui rispose che stava meglio aveva verificato notevoli cambiamenti personali percepiti durante gli incontri.

Sosteneva di aver messo a fuoco i sentimenti e le emozioni, e di avvertire meno incertezza e meno confusione rispetto a prima.

Sosteneva di aver compreso, le relazioni con gli altri in cui cercava di nascondersi o di tirarsi indietro, mentre ora si metteva in gioco non scappava ma cercava di capire e capirsi.

Ad un certo punto del discorso si interruppe, e volle raccontare il suo percorso con una metafora.

Nel lavoro svolto insieme avevamo fatto tante simulazioni utilizzando appunto delle metafore che aiutano meglio a comprendere i significati dei sentimenti o delle emozioni, ma non mi aspettavo che le utilizzasse per raccontare se stesso.

Disse di sentirsi come un cane nella cuccia.

Il mio stupore fu forte, dovetti trattenermi per non farlo trasparire.

Raccontare di sé utilizzando una metafora in cui si paragonava ad un cane ancora nella cuccia era decisamente insolito e inusuale, ma anche un po' imbarazzante.

Mi sono detta che forse ancora non era in grado di parlare di lui utilizzando un linguaggio *"da persona umana"*, ma lo lasciai parlare:

"Ero un cane che stava nella sua cuccia, buono e uscivo solo quando mi serviva, per mangiare, per i miei bisogni o se mi gettavano un osso da sgranocchiare.

Quando uscivo stavo molto attento a chi incontravo, se avevo l'impressione di fare incontri poco graditi allora decidevo di non uscire dalla cuccia e attendevo, il momento più opportuno e rassicurante per me.

Volevo evitare le questioni o gli incontri disturbanti del tipo: altri cani che abbaiavano, tante persone in giro o alcune che mi rimproveravano.

Avevo paura di non piacere, mi percepivo troppo peloso, scuro e quindi poco gradevole ed ero convito che nell'abbaiare emanavo una voce sgradevole.

Temevo ci fosse sempre pronto qualcuno a picchiarmi o a rimproverarmi mentre io non volevo guai, con nessuno e di nessun tipo.

Poi un giorno successe che...

Successe che mi ero stufato di farmi paranoie e avevo bisogno di sgranchirmi le zampe.

Non volevo sentirmi sempre pauroso e frenato nel fare, così sono uscito e ho provato a gironzolare e a stare all'aperto affrontando qualsiasi rischio.

Quasi subito si è avvicinato qualcuno che mi tendeva una mano.

Non ho risposto leccandogli la mano, la mia diffidenza mi bloccava, ma ho visto che questa persona aveva un bel sorriso e diceva parole buone.

Non ho potuto non muovere la coda, un pochino, non troppo però, solo un pochino, non volevo che la persona si facesse strane idee e rompesse le mie convinzioni nei confronti degli altri; che non sempre lanciano un osso o tendono le mani e dopo trovi quelli che ti bastonano. Questa persona era diversa.

Devo ammettere che per un po' mi sono sentito confuso.

La confusione stava tra il piacere di ciò che stavo provando, la paura che non fosse vera ma una mia invenzione, e mi si chiedesse di fare qualcosa di strano, e fuori dalla mia comprensione per ricambiare.

Mi serviva tempo per capire, intanto però stavo bene e stavo lì".

"Ecco, - disse il giovane uomo - tutto questo è quello che ho conosciuto di me ed ho provato a fare superando le tante paure.

Ho cercato e provato invece a far uscire le risorse o il bello che erano in me, che non pensavo esistessero".

Rimasi senza parole mi sentivo stordita e chiedevo se avesse davvero acquisito qualcosa di utile per la sua persona.

Ero curiosa di capire se avesse modificato il suo approccio alla vita e ritoccato o rivisto la sua modalità di relazione con gli altri.

Se avesse la percezione che la relazione con gli altri fosse migliorata.

Se si sentisse ancora inadeguato, sfuggente e sospettoso.

Se le sue incertezze si fossero trasformate in sicurezze e le nuove cono-
scenze che intraprendeva, soprattutto quelle al femminile, fossero meno
superficiali di prima.

Lui era convinto di sì, era orgoglioso e sicuro di ciò che erano stati i
suoi obiettivi raggiunti. Parlava e raccontava con un linguaggio nuovo
diverso rispetto a prima.

Forse qualcosa era modificato e io non lo percepivo?

Per lui le stanze non erano più distanze, gli incontri non si trasformava-
no sempre in scontri e soprattutto aveva imparato, o perlomeno inco-
minciato a provare, usando la metafora del cane: *"uscire dalla cuccia e
abbaiare senza giudicarsi sulla voce o sull'aspetto, vuol dire provarci
innanzitutto, darsi forza e avere coraggio.*

Insieme abbiamo fatto alcune considerazioni concrete quali: **la cuccia è
il suo mondo interno, il suo spazio di conforto, le sue convinzioni.**

Uscire allo scoperto ci vuole impegno e fatica e relazionarsi soprattutto
con i propri parenti, gli affetti significativi e importanti.

Inoltre affrontare persone poco conosciute come i colleghi di lavoro.

Uscire ed abbaiare vuol dire superare il giudizio proprio e altrui, per-
mettersi di dire le proprie convinzioni spiegandole.

Evitando lo scontro o il conflitto, non cadere nei tranelli delle offese o
dei rimbrotti inutili.

Infine, ma non per ultimo ho voluto e dovuto restituirgli una immagine
di sé, di cui forse non era e non ne è ancor oggi consapevole.

Comprendere che: **non è più il giovanotto, libero, spensierato e un po'
menefreghista, ora è uomo più consapevole del tempo che passa, di
cosa vuole e necessita e di ciò che sta provando.**

È ancora nell'incertezza di riconoscere il grande bisogno che ha di vole-
re accanto a sé qualcuno in modo stabile per sentirsi meno solo.

Il cambiamento sostanziale non è ancora avvenuto.

La fatica del cambiamento che non riesce a realizzare ed esserne consa-
pevole, deve ancora accadere.

Questo nessuno lo può dire o fare, se non lui stesso, al quale spetta il
passo più importante che è quello di **CAMBIARE**.

XV

LA METAFORA DEL CRICETO

È più facile mettere un cerotto alla sbucciatura del ginocchio di un bambino che rispondere alla supplica di una adulto che chiede come fare per riavere la creatività.

Questa è la domanda che una giovane donna mi fece nell'incontro individuale per il laboratorio di Teatro Terapia sull'autostima.

Diceva di aver perso la creatività, di sentirsi arida, ferma, lei che amava fare tante cose (dal massaggio, al cucire e ricamare). Non ritrovava più la fantasia per creare abiti, per sentirsi sicura nella pratica del massaggio, nel cucire, confezionare abiti e far risaltare i colori.

Io rimasi stupita incredula alla sua domanda e immediatamente feci una associazione: la creatività perduta e le soddisfazioni della vita.

Non volevo apparire presuntuosa ma il pensiero che quella donna fosse scontenta della sua vita o perlomeno di ciò che stava vivendo, mi apparve chiaro.

Proposi immediatamente delle esercitazioni/gioco per iniziare a stimolare e stuzzicare la bambina che era in lei.

I miracoli non esistono, almeno non quelli che intendiamo noi, quelli che con uno schioccare delle dita fanno apparire o scomparire un desiderio.

Per ottenere dei risultati bisogna provare e riprovare a fare qualcosa, mettersi in gioco non desistere e insistere, ma soprattutto avviare un cambiamento.

Proposi di descriversi, di raccontare cosa le piacesse, immaginarsi in un posto diverso dal suo quotidiano, prendersi del tempo per sé, vedersi nel ruolo di un personaggio a lei caro.

Si aprì un mondo, ma soprattutto cominciò a parlare di sé, di cosa la turbasse, del suo scontento e della confusioni che la attanagliava.

Sta dedicandosi ad un lavoro importante e delicato; la cura della sua mamma, un impegno voluto che a lungo andare stava pesando e la condizionava negativamente.

Sente che le porta via tanta energia e anziché nutrirla di interesse, sentiva che la impoveriva.

Si occupa anche dei polli che sono tanti e dell'orto. Dicono che sono lavori umili, a lei piacciono tanto perché le danno modo di curare e vivere la natura, ma non vuole solo quello.

Ecco quindi la richiesta di ricercare e ricercare la creatività come fosse una medicina da prendere in qualsiasi momento.

Non riesce a trovare alternative, o perlomeno non vuole trovarle. Con i suoi fratelli che l'hanno delegata a questo impegno gravoso li giustifica per non attivare con loro confronti e cambiamenti.

Le propongo di partecipare al gruppo sull'autostima una Domenica al mese, di prendersi del tempo per se un giorno in cui presumo, con l'aiuto dei fratelli, sia possibile gestire la mamma e il resto, un giorno solo per pensare a se stessa.

Mi ringrazia e mi risponde raccontandomi come si è sentita nel colloquio; un criceto nella ruota.

Conferma l'efficacia del colloquio, le avrei dato la carica per riprendersi dalla solitudine e della staticità in cui si sente.

"Come un criceto", ha ripreso, *a zampettare nella ruota per riprendere la corsa e riattivarsi. Per un po' si è sentita riattivata e rinforzata a continuare nel suo "dovere".*

La metto in guardia dicendole che a nessun criceto piace stare nella ruota, vorrebbe scappare dal "padrone ruota", è un animaletto libero con la necessità di muoversi, correre ed esplorare.

Ha un innato istinto di sopravvivenza di scappare dai predatori.

Quindi chiedo: tu cosa vuoi essere? Da chi vuoi scappare?

La funzione sta per finire, scusa se mi sono persa in racconti legati ai miei laboratori di teatro, il teatro a volte mi aiuta a stare bene e risolleva l'umore.

D'ora in avanti parlerò di te, ma purtroppo non più con te.

Trovavi tutto molto strano il mio interesse per il teatro e l'autostima, l'impegno con le ragazze della Comunità terapeutica. Forse ti chiedevi come potevo non avere autostima io alta, simpatica, esuberante e intelligente! Caro zio tu mi guardi con gli occhi del cuore, pieni di affetto e di gratitudine.

I sentimenti buoni e meno buoni sono scherzi che la natura fa ad ognuno di noi poi tutti troviamo strade diverse per modificarli e superarli.

Alcuni di noi non li affrontano perdendosi per sempre.

Pensavo che fra non molto si rientrerà a casa e io non ti rivedrò più.

Parliamo ancora un po' o meglio ascoltami ancora un pochino.

Adesso sono in pensione, sto bene ma...

In questa fase della vita non tutto va per il verso tranquillo.

Nel cambiamento da lavoratrice a pensionata si verifica un'altra nuova dimensione: ricercare, ritrovare e accettare una nuova realtà, quella di avere a disposizione tanto tempo libero.

XVI
LA NORMALITÀ

- 63 -

Quando mi sveglio a volte mi chiedo cos'è la normalità.

Una domanda che mi faccio spesso da quando sono in pensione.

Prima avevo la giornata scandita da tempi incalzanti, impostati da impegni fatti di incontri, persone da accogliere, relazioni scritte da impostare; una giornata di lavoro già conosciuta e prevista in cui non mi facevo domande, almeno non questa sulla normalità; ora che la mente si riempie di innumerevoli perché mi dico: troverò una risposta?

Con calma, magari dopo una buona colazione.

E visto che il buon giorno si vede dal mattino eccomi immersa nella buona colazione.

Mi consolo con una calda tazza di caffè e miele, fette biscottate con burro e marmellata.

Ora il mattino si presenta come la parte più bella della giornata, mi piace svegliarmi con tranquillità, ho imparato a rallentare e godermi il tempo e la casa.

Con calmo mi preparo ed esco.

*Zio Battista, forse, tu ti senti pronto a lasciare tutto e tutti, ma io non
ancora a lasciare te.*
Fammi raccontare dei miei laboratori, ti prego!
Senti il titolo altisonante che ho scelto.
"Dal teatro all'autostima come valore di sé".
Che ne pensi?

XVII
"DAL TEATRO ALL'AUTOSTIMA COME VALORE DI SÉ"

Un laboratorio per tutti.

Siamo alla continua ricerca di una buona autostima, nel dare un valore a noi stessi. La modifichiamo la adattiamo in base all'età, all'esperienza, alla voglia di conoscenza.

Abbiamo bisogno di capirne il significato, ed è questo, che soprattutto nei gruppi con gli adulti trasmetto, e faccio emergere.

Di autostima non ne abbiamo mai abbastanza, come dell'aria che ci serve per respirare.

Ora rieccomi con il terzo libro. Che mi sia montata la testa?

Forse. E allora, se così fosse?

Tu caro zio mi diresti che non faccio nulla di male e devo continuare soprattutto se mi piace.

Ho capito che scrivo perché amo farlo, mi piace e mi riesce benino.

Lo vivo come una sorta di regalo originale da fare, a me prima di tutto, ai miei familiari e a quelli acquisiti nel corso della mia vita.

Agli amici, ai conoscenti significativi, sia quelli appena incrociati e tutti gli altri, comprese le generazioni future che non conoscono certi stili di vita passati.

Il medico psicanalista nel romanzo di Italo Calvino *"La coscienza di Zeno"*, invitava il suo paziente a scrivere un'autobiografia, dicendogli: *"Scriva, scriva! Vedrà come arriverà a vedersi intero"*.

Così succede, è successo anche a me, **nel mio intero** ci sei anche tu caro **zio Battista.**

XVIII
MI DICO

Chi ha detto che solo i divi o le star posso scrivere la propria autobiografia?

Anch'io ho provato a scrivere la mia, raccontandomi nei vari percorsi di vita, di riflessioni personali, della mia esperienza lavorativa ed emotiva, dei miei genitori di fatti che non volevo andassero persi o dimenticati nella memoria di altri.

Volevo ravvivare oltre me, il piacere del ricordo di persone a me care, vicine e lontane, amici, parenti , molti protagonisti dei miei racconti sono frutto non di fantasia, ma della realtà: la mia.

Mi dico...

Se mi osservo in profondità vedo ciò che sono: una donna ancora curiosa di scoprire e conoscere, con la voglia di donare ciò che ho imparato, con la rara ingenuità che esiste tra le persone.

Un po' sognatrice e romantica nel credere alla pace, la possibilità di incontri inattesi, di capirsi e volersi.

Ad uno sguardo rapido mi vedo sensibile, allegra, orgogliosa, caparbia con ancora però tanto da imparare.

apro la porta e tutto mi appare irreale, distratto, confuso e complesso.

Incontro visi nuovi, rapporti sconosciuti, relazioni possibili da iniziare, un mondo fuori da me ancora da conoscere.

Le esperienze vissute in passato con persone significanti mi hanno aiutata per fortuna a guardarmi dentro e devo dire che il cambiamento mi ha fatto fare scelte che non avrei pensato di essere stata in grado, di portare avanti, così spero che in futuro ci possa essere un ulteriore miglioramento.

Oggi conta, più di tutto, stare bene con me stessa, ascoltarmi, dare spazio ai miei nuovi bisogni, alle mie priorità che sono cambiate.

Ora sono spesso nel mio paese non devo più viaggiare e spostarmi per raggiungere il posto di lavoro. Nuova vita, nuova rinascita.

Non sono disposta "a fare tanto per fare" o per accontentare qualcun altro, ma per piacere e soddisfare me stessa.

Vado avanti con le mie fatiche di sempre mi confronto con chi crede ancora nella possibilità di combattere per la vita e darne il giusto valore.

Riprendo relazioni amicali interrotte, rivedo persone perse di vista, riallaccio rapporti che si erano rallentati e il tutto mi appare bello e diverso.

Conduco ancora laboratori di teatro per bambini e adulti.

Riordino le fatiche accumulate nel mio percorso e le metto per iscritto.

Scrivo di me e di altri che mi hanno accompagnato nelle risate, nelle conoscenze, nelle verità nascoste e svelate, scrivo e riscrivo e scopro quanto mi piace avere nella mia vita questa normalità.

Quindi se prima la normalità era alzarsi e ritornare la sera dopo una giornata ricca di previsti e imprevisti ora…

Quando mi sveglio a volte mi chiedo cos'è la normalità.

Nella mia normalità ora ci sono io con la mia creatività, i nuovi incontri, le sorprese inattese con la prospettiva di avere ancora tante cose da fare.

Ora il corteo si sta diradando, tanti ti accompagneranno nella tua nuova dimensione, molti si salutano, si abbracciano, tendono mani per le condoglianze.
La piazza del sagrato si svuota.
Si dissolvono le persone, i ricordi e gli incontri.
Con stupore mi ritrovo a riassaporare la delusione di quell'abbaglio. Quello dell'inizio.
Per un'altra volta ancora ha saputo essere tale: un abbaglio passeggero, un lampo, una meteora.
Ha dimostrato di saper cogliere l'attimo giusto per girare in tutta fretta sui tacchi e andarsene senza salutarmi.

Parte seconda

CHIEDIMI ANCORA DOMANI "SE FOSSI"

poesie, diari, pensieri,
piccoli monologhi e brevi dialoghi

DEDICA

Per tutti coloro che mi hanno permesso di vivere tanti ruoli come quello di mamma, di zia, di nonna, di genitore, di sorella, che hanno rappresentato linfa viva per me.
A chi ama la vita e la sa apprezzare.
Alla creatività, alla fantasia, al gioco.
A chi riesce ad ascoltare ancora il bambino che è dentro sé.
L'elaborazione può durare anche tutta la vita.

LO SCAMBIO

Nello strano labirinto del tempo, ho deciso di concedermi un gioco di incastri.

Tu dici una parola, io invento una poesia.

Tu metti in scena una azione, io scrivo un diario.

Tu prendi una piuma, io scrivo un monologo.

Nei laboratori con i bambini e gli adulti mi succede che mentre offro quello che so, in cambio ricevo bellissimi ritorni, chiamati regali di emozioni.

Sono spinte profonde che mi inducono a scrivere cosa provo in una determinata situazione. Semplici riflessioni, brevi poesie.

Nei prossimi capitoli ho voluto riportare alcuni doni scambiati nei laboratori sia con i ragazzini che con gli adulti (poesie, pensieri, suggestioni, monologhi, dialoghi, riflessioni, esperienze).

NOTA PER I CURIOSI: Arti e Terapia

L'attività di laboratorio:
Il modello a cui io faccio riferimento per i laboratori è lo schema teorico della teatro-terapia.
Il teatro che può essere terapia di cui io mi occupo e propongo, fa parte di quelle forme espressive artistiche comprese nelle arti terapie.

La parte teatrale si utilizza per inventare, giocare, creare, fantasticare mettersi in gioco superando la paura del farlo.

La parte terapia è cambiamento, è fare e stare nel gruppo.
È nello scambio con gli altri, nell'incontro, nel guardarsi attraverso gli occhi degli altri e sentirsi anche meno soli, nel cambiamento soggettivo ma anche del gruppo.

Quindi terapia, non per curare una particolare malattia ma per attivare ed ottenere un certo benessere che fa sentire i suoi effetti anche dopo, fuori nella vita di tutti i giorni; il quotidiano che diventa extraquotidiano.

Il lavoro che io propongo nei laboratori è di genere pratico teorico, ed è un lavoro psico-corporeo, fatto di giochi di affiatamento, di lavoro sensoriale, di movimento del corpo con l'accompagnamento della musica, un lavoro prevalentemente sulla spontaneità e sulla creatività, ma anche sull'analisi dei vissuti…

La persona viene toccata in senso verticale: testa, cuore, pancia.

Cosa vuol dire?

Testa: come la parte più razionale di noi, discorsiva, che pensa, che parla spesso
Cuore: come sede e scrigno dell'affettività, del sentire profondo, dei sentimenti.
Pancia: sede degli istinti, dei movimenti profondi e più o meno consapevoli del nostro corpo.

Per fare un'associazione tra la vita quotidiana e il teatro terapia possiamo dire che:

la testa è la drammaturgia, il pensare appunto,

il cuore e l'affettività sono le emozioni che le persone e l'attore mette in gioco nel fare il personaggio,

la pancia con gli istinti sono tutto il corpo, i suoi movimenti, le sue funzioni, le gambe che camminano, corrono saltano, il corpo che respira, come il cuore che batte.

XIX

POESIE E PENSIERI DI ENRICA

SE FOSSI

Se fossi un fiore sarei tulipano.
Se fossi una canzone sarei Imagine.
Se fossi un albero sarei robinia.
Se fossi un libro sarei un romanzo d'amore.
Se fossi un'automobile sarei un piccolo fuoristrada.
Se fossi un'amica sarei la tua.
Chiedimi ancora domani "se fossi".
Con la curiosità e la voglia che ho di sperimentare,
cambierei, inventerei, sentirei altro da provare.

MI ATTRAGGONO

Mi attraggono i muri scrostati,
le finestre di sera con la luce,
il sole a Primavera e le lucciole a Maggio.
Mi attraggono i visi sorridenti,
le muraglie di ortensie, i cespugli di oleandri.
Mi attraggono gli sguardi seducenti,
le ginocchia sbucciate, le mani che salutano,
i fazzoletti che asciugano le lacrime.
Mi attraggo e mi sottraggo a tutto ciò che
mi confonde e infonde indifferenza.
Scappo dal troppo sapere, dalla fretta di fare,
dai pregiudizi.

BACIO

A te che sorridi sempre, darei un bacio.
A te che sei gentile, darei un bacio.
A te che sei arrivata per ultima, darei un bacio.
Un bacio semplice, carico di simpatia, di complicità,
quando insieme, nel teatro ci emozioniamo e ci ritroviamo.
A te che sorridi sempre darei un bacio.

CAREZZA

Basta una carezza e tutto torna a posto.
La stanchezza non si sente più, la noia svanisce,
l'impulso di muoversi si interrompe.
Quando mi accarezzi non so cosa succede in me.
Mi sento come un piccolo fiore che assapora
i raggi del sole e si arresta incantato.
Una carezza e tutto torna a posto e continuo a stare lì.

IL RESTO NON CONTA

Ancora insieme ma oggi il tempo "emotivo" è variabile.
Il sole è oscurato ogni tanto da nuvole passeggere
che lasciano gocce/lacrime qua e la.
Non manca la voglia di giocare, di stare vicini, di sentirci insieme
complici per confermare che stiamo bene tra noi.
Giocare, gridare, correre, stordirsi, esagerare,
stare bene così e non sentire il distacco che irrompe.
Il resto non conta, chi se ne frega.
Ragazzi!!! Non è un addio è un arrivederci!
Ma dai Enri, non è possibile continuare?

PAGINE

400 pagine volano intorno a me,
lanciano miniature di parole che formano pensieri.
Guardo e ascolto estasiata il rumoreggiare silenzioso.
Io sto, incapace e ferma, come pietra grezza.

DA FIGLIA A PADRE

Ti ho scritto e descritto, ti ho amato e contestato.
Mi hai aiutata, sostenuta, rispettata, consigliata.
Non sempre ti ho ascoltato, quasi sempre ti ho cercato.
Ero figlia impegnativa e non hai mai mollato.
Cosa posso dire ancora di te? Mi manchi!
Grande e unico papà di questa figlia
che ancora ti pensa e ti ripensa.

PIOGGIA

Nel ticchettio della pioggia
avverto paure passate, ancora presenti.
Le paure passano e passeggiano libere dentro di noi.
Questa pioggia abbondante e prepotente me le ricorda.
Passano non passano? Chissà!
Sto ancora qui a farmi schiaffeggiare dalla vita,
riconosco l'effetto e il disagio.
Ora però non mi coglie impreparata,
sono pronta a beffarla.

FORTUNATA

Incappucciata, implorata, osannata, zittita,
rinchiusa, bistrattata ma sempre fortunata.
Per come si è svolta la giornata oggi
posso dire di aver mangiato una frittata fatta
con uova di gallina arrabbiata.
Tutti la chiamavano fortunata.

ROTOLA SROTOLA

Arrotolo e srotolo un gomitolo pieno di emozioni.
Voglio ritrovare il filo della vita.
Sono curiosa e avida di sapere
Quali sono i colori delle emozioni.
Sento ansia e allegria nell'attesa,
ignoro il sopravvento della tristezza,
sono sospettosa, diffidente, paurosa dell'effetto.
Non demordo, non mi arrendo, continuo a srotolare e arrotolare.
Ormai i pensieri sono un groviglio, un intrico, un garbuglio
di eccitazioni, turbamenti, trepidazioni di sentimenti.
Arrotolo e srotolo un gomitolo pieno di emozioni,
non mi arrendo.

BRIVIDO

Gli occhi provano un brivido nuovo,
il cuore è turbato da immagini di bellezza,
di seduzione, di attrazione e di incanto.
Mi sento delicata, fragile, debole,
ma anche forte, solida, infrangibile.
Mi trattengo agganciando il cuore ad un anello di fuoco.

INDECISIONE

Esco?
No, non esco.
Vado?
No, non vado.
Faccio?
No, non faccio.
Qualcuno può decidere per me
o debbo sempre pensare da me?
Qualcuno può decidere con te o per te,
ma poi,
fai sempre come vuoi.

LA VOCE

In questi giorni mi sento la voce come se
fosse in fondo al cassetto di un comò.
Il comò è prezioso e antico ma tiene chiusa la mia voce.
Lei rimane lì a custodire ricordi e segreti antichi.
Aprendo i cassetti ritrovo ancora speranza,
leggerezza e amicizia.
Vuoi vedere che se apro il cassetto
dove sta rinchiusa la mia voce ritrovo
suoni e vibrazioni nuove?

LA FOGLIA

In un giorno tiepido, di fine estate, durante una camminata solitaria e liberatoria in riva al naviglio, la mia attenzione fu catturata da una foglia dalla forma particolare.

Il vento la muoveva piano e sembrava la foglia mi volesse parlare. Sembrava emanasse suoni incomprensibili ma nel silenzio della natura sentivo benissimo alcune parole che la foglia mi trasmetteva.

Mi diceva *"prendimi, sarò per te una penna, un ventaglio, un profumo, un gioco, un'invenzione. Prendimi, prendimi"*, ripeteva sempre più.

Lo diceva in modo garbato e convincente e la mia paura che qualcuno fosse in osservazione e pensasse che fossi strana, sparì, per incanto lasciò il posto alla curiosità.

Allungai una mano e raccolsi da terra la foglia.

Tra le mie mani si verificò una magia, la foglia si trasformò in un ventaglio dai colori raffinati e trasparenti.

Dalle sue pieghe si intravedevano ricami preziosi, immagini di donne con bambini che giocavano e si rincorrevano, si bagnavano nel naviglio e giocavano con l'acqua.

Io, con meraviglia e stupore mi sono vista diventare una gran signora che passeggiava in un parco incantato e rigoglioso.

Quel giorno tiepido di fine estate diventò per me un giorno incantevole da non dimenticare.

SOSPESA

Sto sospesa tra vicinanza e lontananza.
Se ti avvicini troppo è soffocante per me.
Se ti allontani mi disoriento nei miei perché.
Sto sospesa come un funambolo nell'equilibrio
tra volerti vicino e starti lontano.

IMPATTO ZERO

Ho mangiato frutta che sembrava unaaaa
nuvola, dal sapore di… aria!
Cercavo gli stessi sapori che da bambina
sentivo quando mangiavo un mandarino.
Dolce, aspro e profumato.
La sua essenza si diffondeva nella stanza
mentre lo sbucciavo e in seguito la buccia stessa,
messa sulla stufa con il calore, emanava un
profumo indescrivibile e inebriante.
Ecco appunto dicevo, ho mangiato frutta
virtuale, dal costo minimo, con pochi giga,
a impatto zero, dal sapore bhoooo!!!

LA LUNA

Vieni a fare due passi con me al chiaro di luna?
Se vieni con me ti regalo l'ispirazione.
La vuoi l'ispirazione, noooooo?
Oh per bacco… dai, esci dal tuo torpore mentale.
L'ispirazione non ti va ?Vuoi un altro regalo?
Vediamo, vediamooooo cosa. Ho trovato, ti regalo la luna.
Ti piace? È bella la luna sai! Quando è piena, è molto bella.
Ma anche semi piena, semi-semi-semi piena,
grande, piccola a spicchi, a fette, a rondelle.
Dai, te la regalo!!! Ecco la prendo e te la regalo.
Nooo. Non vuoi la luna? Tanta fatica per prenderla
e tu la rifiuti! Ma si può sapere cosa vuoi?
Ma no, no, nooooo, che butti.
La luna non si butta, non si butta via.
La luna è per tutti, si guarda, si rimira, si dipinge,
si descrive. La luna, si riciclaaaaa!

LE PAURE

Distrattamente pongo fogli uno sopra sull'altro.
Senza pensare, replico il gesto continuamente.
Prevale l'agitazione.
Si è appena concluso un dialogo acceso con una persona.
L'argomento era: i disagi e le paure che proviamo.
La mia paura è quella di rimanere sola,
dell'altro percepisco; la paura degli altri.
Uno di fronte all'altra, ognuno difende se stesso.
Nessun incontro, solo un acceso scontro.
Sento il bisogno di lasciare, di abbandonare.
A volte lasciare fa meno male che incontrarsi per forza.
Non sento paura nel lasciare ma sollievo.
Lasciare è respiro, rispetto, riordinare, ritrovare,
riappacificare, riconoscere se stessi e liberare l'altro.

LA MIA FIABA

Nonna Ada era una leggenda, un cartone animato,
era la mia fiaba, la mia nonna materna.
Lei mi ricorda il Papavero; fiore vistoso,
rustico, colorato, leggero e delicato.
La nonna aveva una gran paura dei temporali.
Quando ne scoppiava uno, mi faceva fare subito
il segno della croce e poi mi portava al riparo,
sotto il muro maestro della casa.
Era la mia nonna, la mia narrastorie, la mia fiaba,
la mia storia più bella.

VADO CERCANDO

Sono in cerca di qualcosa, o di qualcuno
che possa camminare con me, anche per brevi tratti.
Sono nella ricerca di me a volte, un po' confusa che,
vuole ancora stupore, buoni incontri e sapori antichi,
da riprovare come fossero nuovi.
Vado in cerca e alla ricerca di una nuova di me.
Tante ancora le domande senza risposte.
Qualcuno chiede: *"Come va tutto bene"?*
Bene, sì tutto bene!
Sono solo in cerca di qualcuno o di qualcosa
che possa abitare nella mia serenità.

FACILE DIFFICILE

Non è sempre facile dire qualcosa.
Anche presentarsi col proprio nome
può diventare faticoso.
Basta un'emozione fuori posto,
un sentimento storto
e non sono più li con tè.
Sono confusa, non so che dire,
non ricordo mi chiede delle stelle,
cosa ti aspetti da me.
Il contatto è lontano, il pensiero annebbiato,
sto per piangere, non così con tutti lì.
Allora subito mi incoraggi, mi abbracci,
mi proteggi e il difficile va a farsi friggere
e io sto ancora con te.

MANI

Mani che accarezzano,
mani che abbracciano,
mani che salutano,
mani che baciano,
mani che cucinano,
mani che lavano,
mani che mangiano,
mani che piangono,
mani che fanno e rifanno,
mani sporche,
mani pulite,
mani curiose,
mani impreziosite,
mani libere,
mani che aspettano,
mani nelle mani
… Le mie mani sono anche la mia inquietudine, la mia impazienza, la mia confusione, aspettative e curiosità per una vita diversa.
Una vita nuova che spinge e si fa sentire su diversi fronti.
La voglia di cogliere nuovi saperi, di fantasticare, creare altrove, ovunque.
Le mie stesse mani mi trattengono dai miei desideri e mi fanno capire che non so muovermi ai nuovi cambiamenti.
Allora con le mani raccolgo piccole lacrime che scendono in silenzio sul mio viso.

UN MINUTO

… *"Arrivo subito, tra un minuto"!*
Poi il minuto passò e tu non arrivasti.
Ho provato anch'io a dire al mio minuto:
"Aspettami un minuto, arrivo subito".
Tornai e vidi un altro momento al posto del primo.
Non ha avuto nessuna intenzione di aspettare,
nemmeno un minuto.
Così rimasi, in un decimo di secondo, senza un minuto.

VERITÀ O FINZIONE

La vita è un po' verità e po' finzione.
Dire che cos'è la verità e cosa sia la finzione
è impresa ardua, faticosa, impegnativa.
Credo che siamo tutte verità, nella finzione.
Riccio o capriccio, dolce o salato, verità o finzione,
cosa posso preparare a colazione?
Una macedonia di tutto un po': un piatto gustoso,
fresco, succoso, prelibato in cui stanno bene
sia il dolce e il salato, l'agro e il gradevole,
come verità e finzione.

SONO GELSOMINO

Sono gelsomino, profumo, vado e pervado,
mi allungo, mi allargo, su di te, sopra te.
Sono amato e odiato e se annusato pizzico il naso.
Stuzzico pizzico e ai più, faccio venire uno starnuto…
etciuuuuuu!

DOLCE DAI TANTI SAPORI

Prendere una risata di **Daniela**
aggiungere un bel po' di simpatia di **Lucia**,
amalgamare il tutto con un ½ litro di fantasia.
Stendere l'ansia di **Marco** in una ciotola
con un pizzico di saggezza di **Andrea**.
A parte mettere la dolcezza di **Giusi** con la sensibilità di **Angela**,
la voglia di ridere di **Ambrogio** con l'acutezza di **Olimpia**.
Mescolare il tutto in un unica ciotola, aspettare che gli ingredienti si
impastino per bene tra loro e in fine mettere in un forno ben caldo di
affetto e voglia di vivere.
A fine cottura spolverare il tutto con una manciata di "Rock & Roll".
Infine servire con allegria e simpatia a tutti gli ospiti.

LUCI E OMBRE

Non si nasce imparati ad affrontare il dolore.
Quel dolore che ti mette in ginocchio,
ti disorienta, ti confonde e ti fa sentire fuori posto.
Molte ombre e poche luci ti accompagnano e ti aiutano
nell'elaborazione di tale dolore.
Poi succede che qualcosa o qualcuno, con una particolare
sensibilità, ti fa intravedere che ancora puoi rialzarti
e ricominciare a vivere.
Grazie a chi è stata luce, grazie a chi è stato ombra.

MACEDONIA DI FRUTTA FRESCA

Un cestino di frutta fresca?
Faccio subito una macedonia che mi resta.
Metto Fragole, Mandarini, Banane, kiwi,
Ciliege e Mele. Questa è la frutta che si vede.
Comincio con la Fragola che mi ricorda **Abel:**
polposa buona profumata , ma se mangiata in abbondanza,
rischi che ti venga l'orticaria.
Linda è il Mandarino senza semi: piccino ma gustoso,
lo mandi giù e non viene in su.
Ho un kiwi che sta con chiunque.
Tre colori tre sapori. Piace perché sta bene con
le Fragole, panna e caffè. Questo è **Gabriel**,
non chiedere perché.
Angelina la Ciliegina.
Dove lei sta, la sua bella figurina sempre fa.
Ho visto una Banana. Questa è **Rachele,**
Se la metti all'insù ride, se la metti all'ingiù piange.
Da una Banana così cosa vuoi di più?
Devo schiacciare un po' di Limone,
è a questo punto della macedonia che ci vuole.
Ivan che lo sa, mi aiuterà.
Uuuuuuuuuna Mela non deve mancare,
una Golden rotonda, gustosa,
Daniele le affetta facendo una danza.
Cosa manca adesso in questa macedonia?
Lo zucchero per renderla più gustosa e zuccherosa.
Due cucchiai di **Miriam** e si mescola l'insieme.
Assaggio, annuso e sento che tutto va bene.

25 APRILE

25 Aprile liberati, rinati.
I miei genitori e i miei nonni iniziavano il racconto con:
"A noi è successo che... ". Non dicevano "C'era una volta... ".
Io ascoltava incantata i racconti e le loro esperienze da partigiani.
C'era dentro tanta paura e tanto dolore. Il pane quotidiano erano lacrime
e nascondigli sicuri dove stare riparati. Cercarsi senza ritrovarsi era il
pensiero costante. Parlavano anche di coraggio e di valore.
"Che racconti strani pensavo"!
Non c'erano fate, principesse e maghetti a risolvere i problemi,
eppure ascoltavo affascinata ed estasiata.
"Ma quanto è durato il 25 Aprile? Chiedevo.
"Tanto, troppo" rispondeva il mio papà. ***"Ora è finito tutto, almeno!***
Come la tua minestra. Presto finiscila altrimenti si raffredda"!

CIAO

Mi hai insegnato parole di consolazione che io,
ho imparato a recitare nei momenti difficili.
Quei momenti che, senza avvertirti affiorano,
e invadono l'anima.
Quelle parole le dico e ridico come un mantra,
una ninna nanna che accompagna e risolleva.
Chiedo hai pensieri positivi di venirmi in aiuto,
di tendermi una mano per placare dolori e pesantezze.
Non so reagire in altro modo se non così ma,
mentre il silenzio si fa più pesante, una voce mi chiama e dice:
"Ciao Enri disturbo? Cosa stai facendo"?

L'AMORE È

L'amore è un sentimento che viene dal cuore,
a volte prova gioia a volte dolore.
Se mi sento carino, vedo te,
lei, e lui simpatici e carini,
se invece sono triste, e non so il perché,
faccio danni al cuore di te e di me.
Nel teatro proviamo a mettere in scena i sentimenti
che arrivano insieme ai tormenti.
Facciamo facce felici, schifate, arrabbiate.
Balliamo, ci divertiamo, ci spingiamo,
giochiamo, lottiamo per finta, ma poi ridiamo.
Tutto sembra bello e divertente e se a volte bisticciamo,
con una performance rimediamo.
"Io sto con te, è lei che va bene a me, no io voglio te,
oh insomma, oggi non voglio stare con te".
Ma insieme sfoghiamo fantasia e creatività,
stare in gruppo impariamo che la risata cambia tutta la giornata.
Il sorriso, il dispetto e il difetto, sono amore all'imperfetto.
Ancora non sappiamo che cos'è quella cosa che fa dire:
Tutto questo è amore. Ma perché?

PAURE E GIOIE

Prima di te arrivano i tuoi occhi;
grandi, curiosi, luminosi, paurosi, indagatori, fantasiosi.
Dicono: cù cù, sono qui per stare con voi.
Voglio giocare, saltare, provare a dire, senza parlare,
cosa prova il mio cuore.
Aspetto il Venerdì per stare lì con te, dove riesco ad essere me.
Voglio farti vedere quando vado in scena
che le paure e il piacere vanno insieme.
Imparo così con il teatro a fare bene per piacere.

XX
SE FOSSI NEI PANNI DI...
diario ragazzi

"Se fossi al posto di, cosa farei? Cosa direi? Come mi muoverei?"
Nel teatro come nel lavoro di operatore psico-sociale ho imparato a mettermi nei panni degli altri.
Guardare ai comportamenti e ai cambiamenti con occhi e prospettive diverse. Provare a mettermi nella storia di un altro.
Ipotizzare come l'altro può muoversi ed avere ragioni o motivi per fare azioni diverse dalle mie.
Guardare la realtà, anche quella oggettiva, in modi diversi.
Iniziamo con l'esercizio della presentazione di ognuno.
Questo gioco lo replichiamo frequentemente, in quanto ogni volta cambia il **"se fossi"**.
Per loro è divertente e aiuta ad esprimere liberamente fantasia e creatività; ognuno ripete il proprio nome seguendo alcune indicazioni e inventa diversi modi per presentarsi:

-presentazione da arrabbiato

-presentazione da felice

-presentazione da lento

-presentazione mimando

-presentazione balbettando

-presentazione da Lord

-presentazione da pagliaccio

-presentazione da stanco

-presentazione da assonnato

-...

IL MONOLOGO diario ragazzi

Oggi le bottigliette dell'acqua personalizzate messe in fila sul davanzale della finestra sono solo sei. Al laboratorio teatro ragazzi mancano due bambini, peccato.
Uno è in vacanza con al famiglia l'altro è ammalato.
Siamo alla fine dell'anno 2023 e precisamente il 29 Dicembre, ultimo incontro di teatro poi riprenderemo con l'anno nuovo.
Avverto che sono elettrici.
Veramente in ogni incontro esprimono curiosità mista al desiderio di giocare, nel piacere dello stare insieme.
In questo periodo dell'anno li sento più aperti, disposti a imparare, meno affaticati.
Dopo il saluto che riservo ad ognuno di loro quando arrivano e dopo la rituale sanificazione delle suole scarpe, cominciamo.
Verso sul pavimento una borsa piena di cappelli, di diverse fogge, anche strane che ho portato per l'occasione. Vedo le loro espressioni, curiose, turbate, indifferenti, eccitate, forse sono incerti per la scelta del cappello, oppure semplicemente impauriti per ciò che chiederò di fare.
Mi sento anch'io eccitata e curiosa.
Propongo loro che oggi si lavorerà sul **monologo.** Silenzio totale, poi arriva la domanda: *"Che cos'è"?*
Qualcuno accenna ad una risposta: *"È un gioco?"*. *"È un frutto?"*.
Che buffe e simpatiche le loro espressioni, mi fanno morire dal ridere.
Spiego che è il parlare da soli, in teatro.
Se si recita da soli si chiama monologo se si è in due si chiama dialogo.
Subito chiedono: *"ma allora le performance non le facciamo?"*
Le performance o improvvisazioni, sono scenette che eseguono in modo spontaneo, in piccoli gruppi o in coppia.
Li tranquillizzo dicendo che il monologo non è diverso dalla performance che di solito facciamo ad ogni incontro. Se nelle performance sono almeno in due, oggi dovranno pensare e realizzare il lavoro da soli.
Aggiungo che saranno facilitati dal travestimento con il cappello; attraverso quello costruiranno il loro personaggio.

Dopo aver scelto il loro cappello chiedo di metterlo, di concentrarsi, di diventare e sentirsi "**se fossi**" il personaggio, e quindi di scrivere il monologo.

Stimolo e li motivo a scrivere una storia, un racconto inventato, oppure un fatto personale, da recitare al pubblico.

Pensare qualcosa che incuriosisca, che diverta soprattutto se stessi e attragga l'attenzione del pubblico verso il personaggio.

Do loro una dimostrazione, recitando una storiella inventata sul momento. *"Se fossi un folletto del bosco"*…

Il compito è anche quello di imparare il pezzo a memoria e di recitarlo senza suggeritore. Altre facce con espressioni strane di disperazione.

Sono troppo buffi ma non mollano e non contestano.

Alcuni di loro, che vengono al laboratorio di teatro da qualche anno, riferiscono che negli spettacoli si fa così. *"Si impara a memoria il copione e poi si va in scena senza suggeritore. Ah, beh, alloraaaa"!!!*

Nessuno contesta e proseguono nel lavoro.

Cercano un posto appartato nella stanza, per inventare, senza interferenze.

Sono pronti per creare **"se fossi",** scrivere con foglio e biro.

Il risultato è stato quello di un laboratorio avvincente, una grande meraviglia, un unico stupore, il mio.

Hanno lavorato bene per **creare un personaggio, che recitasse un monologo e potesse piacere.**

Hanno messo in scena personaggi con storie inimmaginabili, divertenti, credibili, senza avere davanti un copione, a memoria. Fantastico.

Mi hanno tenuta incollata ad ascoltare, attenta e curiosa di sentire le loro presentazioni, hanno fatto un lavoro prezioso dal punto di vista del mettersi in gioco, al provare a superare l'ignoto.

Bravi, bravi, bravi, e io sono fortunata stando con voi.

Un cappello a cilindro nero e fascia gialla è **un mago**.

Il cappello da strega nero, trasparente, a tesa larga e con la punta, con disegnati i ragni, diventa una **domatrice di ragni.**

Un cerchietto con un piccolo cappello e una piuma rossa sul capo diventa **una stilista**.

Un cappello luccicante alla borsalino è sul capo di **un negoziante** di abiti.

Un cappello da monello di Charlie Chaplin diventa **un minatore**. Un capello-calotta da ballerina di Charleston diventa un uccello, **una gazza ladra.**

Una mia considerazione
Stasera nessuno vuole andare via, sembrano piacevolmente storditi da ciò che hanno realizzato, un lavoro diverso dagli altri.
Il Venerdì, devo ammettere che è così, da sempre, tutti si fermano volentieri oltre l'orario del laboratorio. Questo mi fa pensare, buon segno. Grazie Teatro.

Di seguito riporto alcuni monologhi scritti con le presentazioni dei personaggi.

IL MAGO *di Daniele*

Io sono il mago Possio, vado a fare le passeggiate nei giardini per esercitarmi a fare le magie. *(fa finta di avere in mano una bacchetta magica).*

Un giorno ho incontrato un uccellino sul ramo di una pianta e mi ha chiesto di far apparire un po' di pane perché aveva fame.

Così l'ho accontentato e lui in cambio mi ha dato il potere della natura.

Posso far apparire fiori e piante. Faccio arrivare il sole o la pioggia al bisogno. Scomparire persone scomode, far sorridere e piangere chi voglio.

Volete vedere qualche magia? *(Infine si esibisce con le mani in giochi di prestigio con effetti sonori che fa con la voce).*

LADRINA di Rachele

Ciao io sono Ladrina, una gazza ladra. Rubo tutto quello che trovo.
(entra saltellando ed emettendo un suono stridulo con la voce, intanto allarga le braccia come fossero le ali)
Volo sui campi in pianura, e in montagna, sono golosa di briciole di pane e torta.
Sono attratta da tutto ciò che brilla, non resisto al loro luccichio e quando le vedo vado a rubarle subito.
Mi piace volare in posti dal clima tiepido. Quando viene il freddo emigro in posti più caldi e al mare.
Fatemi tre domande e vi risponderò.

LA DOMATRICE DI RAGNI di Miriam

Eccomi qua io sono una domatrice di ragni, ora vi racconto la mia storia di come ho cominciato ad amare i ragni.
Da piccola, a cinque anni, un giorno andando a fare una passeggiata ho notato un ragno.
L'ho guardato e osservato bene e ho capito che non era pericoloso.
Voi vi chiederete da cosa l'ho capito, intuizione, pura e semplice intuizione.
Così l'ho portato a casa e mi sono presa cura di lui.
Si è subito adattato, giocando insieme gli ho insegnato alcune cose; come saltare, camminare su due zampe, fare le capriole.
Dopo dieci anni sono diventata domatrice di ragno. Il mio.
Ora vi mostro qualche gioco che faccio con lui.
"Allunga tutte e due le braccia con il palmo delle mani all'insù. Fa finta di avere il ragno sul palmo di una mano e gli dice di camminare e di posizionarsi nell'altra mano. Intanto lei si snoda un pochino il braccio, le spalle, come se il ragno camminasse sul braccio sulle spalle per arrivare sull'altro braccio e alla mano. Poi fa finta di chiedergli di saltare da una mano all'altra e con la testa e gli occhi segue la traiettoria immaginaria che farebbe il salto del ragno".

L'UOMO SOLO IN MINIERA di Angelina

C'era una volta un uomo di nome Carlos che lavorava in miniera.
(camminata da stanco e affaticato)
La miniera non era sua ma di un signore che voleva diventare sempre
più ricco.
Dalla miniera si estraevano i diamanti e il riccone si fidava solo di
Carlos, così lui lavorava anche la domenica.
Siamo di domenica e Carlos corre a lavorare in miniera.
Comincia a scavare e dopo un po' sente di avere fame. Allora si ferma,
va a casa per prepararsi un toast e poi ritorna subito in miniera.
Si sentiva però così stanco che invece di ritornare in miniera andò a
riposare e si addormentò per tutto il pomeriggio.
"In fine Angelina chiede agli spettatori di continuare la storia e mettere
un loro finale".

LA STILOSA SONO IO di Linda

Eccomi io sono la stilista di moda di nome Miss Colly. Sono nata nel lontano 1293.

Ho creato nel mia vita moltissimi vestiti per tutti e tutte, di tutte le taglie e fogge.

Questo abito che indosso è una mia creazione.*(parte a camminare da lontano venendo verso il pubblico a passo da modella)*

L'anno scorso, passeggiando per i giardini di New-York, mi sono imbattuta in un grande albero con le foglie nere.

Ho avuto l'ispirazione di creare; subito è nato un cappello con le foglie nere della pianta, come quello che ora sto indossando.

Ho strappato una bellissima piuma rossa e lucente ad un pappagallo, et-voilà, ecco il mio stupendo cappello ideato e creato da me.

Nessuno e niente mi resiste, anche da un sasso mi arriva un'idea e creo qualcosa.

Ho scusate non mi posso fermare oltre con voi devo andare.

Mi hanno scritto che in Australia hanno trovato un fungo color viola e vogliono il mio parere. Addio devo scappare, ci rivedremo al mio prossimo cappello, magari color viola.

XXI

TEATRO È diario ragazzi

È dal 2002 che organizzo laboratori per bambini/ragazzi e adulti.

È una grande soddisfazione che non ha prezzo.

È impegnativo ma appagante.

È uno spazio prezioso per socializzare e valorizzare alcune attività.

È fare amicizia, imparare il rispetto sostenere la propria autostima.

È non stancarsi di giocare.

È un apprendimento, uno scambio, un divertimento.

È imparare a volersi bene.

È un'infinità di belle cose come: la creatività, la fantasia, la messa in scena, mettersi nei panni di, far finta di essere, da vivere insieme.

Non insegno loro a diventare stelle del cinema o attori di successo. Questo lo sceglieranno loro se vorranno a loro tempo debito.

L'obbiettivo non è quello di preparare bambini prodigio che andranno sicuramente a calcare palcoscenici, ma "attori di se stessi", bambini che devono stare bene star bene con gli altri, protagonisti della loro vita.

Questo vale anche per gli adulti.

Con le tecniche e gli strumenti acquisiti nel mio lavoro insieme a quelli appresi nelle diverse scuole di teatro frequentate, insegno e trasmetto un modo di stare bene insieme ed avere rispetto per tutti.

Nessuno giudica nessuno. Non lo permetto e non mi permetto.

Il gruppo è terapeutico, il confronto tra loro è utile, ognuno insegna e apprende dall'altro.

Nessuno nasce imparato si può apprendere tutto da tutti.

I bambini e i ragazzi sono affamati di sapere, chiedono, vogliono imparare, imitare, ma nello stesso tempo insegnano, bisogna saperli ascoltare ed accogliere.

La loro spontaneità è una risorsa soprattutto per me, li lascio liberi di esprimersi e utilizzo molti spunti dalle loro performance. Si rinforza così l'autostima e il piacere di piacere.

Utilizzo il gioco del "se fossi" e il teatro come mediatori per la conoscenza di se e degli altri.

Mettiamo in scena, aiutati da piccoli travestimenti o oggetti personaggi inventati, sconosciuti o conosciuti.

Questo vale anche per gli adulti, All'inizio sono sospettosi, increduli, rigidi, quasi bloccati nei movimenti,

In seguito si lasciano andare, provano a godersi il tempo del laboratorio per se, si scatenato, si affidano e colgono quanto valgono, scoprendo tante risorse personali.

Per vivere una vita creativa, dobbiamo perdere la nostra paura di sbagliare.

Non perdere la voglia di giocare e di essere leggeri, ma soprattutto non impedire al bambino che c'è in noi di farsi sentire.

COS'È L'AMORE diario ragazzi

Oggi nel laboratorio ragazzi pongo un domandone: **"Sai cos'è l'amore"?**

Tutti sono sembrati perplessi alla mia domanda ma anche curiosi.

Superato il primo imbarazzo, qualcuno ha tentato di rispondere.

Sono convinta che per loro, come per molti adulti, forse il sentimento dell'amore, è difficile da spiegare ma bellissimo da provare.

Divertenti nelle loro espressioni non solo verbali; ognuno voleva dare la risposta più corretta e appropriata possibile.

Purtroppo non esistono risposte appropriate o corrette, ognuno ha la sua.

Insieme, ragionando e giocando a fare teatro, li ho accompagnati a guardarsi dentro

Ho chiesto di mettere in scena qualcosa che rappresentasse l'amore, in generale. Cosa provano per la mamma, il papà, il fratello o la sorella. Cosa sentono per un amico o amica.

Come si trovano tra di loro al laboratorio di teatro, con chi vorrebbero trovarsi a recitare un dialogo, cosa piace di chi e cosa non piace.

Insomma provare a mettere in scena qualcosa che si chiama sentimento, le parole giuste per esprimerlo.

Se fossi rimane la formula magica e rassicurante.

Non siamo più noi che parla ma il personaggio.

Propongo il lavorare in coppia inventare un dialogo di almeno 10 righe, prendendo come spunto di scrittura cosa pensano uno dell'altra, facendo riferimento come se fossero Giulietta e Romeo di Shakespeare.

Stupore, clamore, risate a non finire mentre insieme formiamo le coppie.

Uno spasso, una confusione, una divertente messa alla prova.

Di seguito riporto alcuni dei dialoghi scritti dalle coppie dei bambini.

GIULIETTA E ROMEO di Angelina e Daniel

(fanno qualche esercizio di teatro insieme come abbracci, statue, movimenti vari...

Daniele: Posso chiamarti amore?

Angelina: Pregoooo? ehi, piccoletto vacci piano con me. Nemmeno ci conosciamo.

Daniele: Allora piacere *(gli da la mano)*. Sono Romeo, secondo nome Daniele il migliore del paese. Adesso posso chiamarti amore?

Angelina: Ma tu fai così con tutte? Mi cogli di sorpresa, adesso so il tuo nome ma niente di più di te. Da dove vieni, cosa fai, con chi stai. Ma chi sei?

Daniele: Abbiamo tempo per tutto questo, adesso ti regalo un biglietto aereo per venire via con me.

Angelina: Per andare dove??? Dove mi vuoi portare?

Daniele: A Parigi. La città che amo di più della Francia.

Angelina: Ma perché proprio la Francia e Parigi?

Daniele: Perché io sono un sognatore, un romantico, un adulatore, amo le baghette e tutte le boulangerie. Nessuna tartina, nessun panino, nessun crostino mi resiste. Ti voglio a Parigi per mangiarle insieme.

Angelina: Ehi, ehi, dico vacci piano. Il pane contiene farine sconosciute e io sono intollerante, il pane ingrassa, io voglio fare la modella, devo stare snella.

A me piace la frutta, la verdura. E poi chi ti conosce?

Quindi sai che ti dico addddiiiiiooooooo.

Daniele: Ma no così mi fai morire.

GIULIETTA E ROMEO di Rachele e Gabriel

(Iniziano facendo l'esercizio in coppia delle statue. Uno è scultore e modella l'altra che è la statua).
Gabriel: Vengo a teatro da tempo ma è la prima volta che ti vedo.
Rachele: Vengo a teatro da mesi e mi vedi ora? Io invece ti ho visto subito. *(lo dice gridando un pochino)*
Gabriel: UUUUUU ma che voce forte hai! Scusa forse ero distratto. Sai sono arrivate tante ragazze in questi mesi. Posso dirti che mi piaci perché sei bella, mi piace quando fai la statua, ma la tua voce è troppo forte mi infastidisce dovresti cambiarla.
Rachele: Per fortuna che non mi avevi vista.
Allora siccome siamo in confidenza ho anch'io qualcosa da dirti. Tu mi piaci perché sei simpatico. Non mi piaci quando non ascolti e anche perché sei un po' cieco, ma non cambiare niente di te, per ora.
Gabriel: allora per farmi perdonare ti regalerò delle rose.
Rachele: Rose? no grazie, mio padre fa il fioraio. Voglio invece che tu faccia una penitenza…
Gabriel: Cosaaaaa???*(rimane a bocca aperta stupito)*
Rachele: ti farò sapere quale, bye bye. *(esce facendole carezze sotto il mento)*
Gabriel: *(lui rimane sorpreso e fermo come una statua con la bocca aperta)*Rimango sempre più stupito. Ma chi le capisce queste ragazze di oggi.

GIULIETTA E ROMEO di Linda e Abel

(fanno qualche gioco, esercizi insieme, le statue, movimenti vari...
Linda: cambiamo gioco facciamone uno che non abbiamo mai fatto.
Abel: che gioco vuoi fare?
Linda: Ci raccontiamo di noi. Per esempio cosa non mi piace di te . Cosa vedo di te che cosa puoi cambiare e così via. E tu di me dici solo cose belle.
Abel: Ma cose anche brutte? A me sembra una bella ... ma ci sto e sono curioso. Parti tu.
Linda: Di te posso dire che.
Abel: Ferma ferma, scusa mi sono ricordato ...
Linda: Gruuuuuu, non fare come al tuo solito che diventi qualcun altro ti trasformi e poi succede il finimondo. Stai sul pezzo per favore.
Abel: *(fa dei versi sbuffa e si muove con gesti strani)* Romeo spaccaaaaaa
Linda: Eccolo che ci risiamo. Chiunque tu sia esci dal quel corpo, ti ordino di uscire subito da quel corpo.
Abel: Eccomi!
Linda: E tu adesso chi sei? Io sto cercando un Romeo e tu non mi sembri Romeo.
Abel: Io sono il fantasma formaggino. Romeo è partito e mi ha dato le chiavi di casa sua non torna che fra due settimane.
Linda: *(rimane a bocca aperta e prima di parlare Abel si ritrasforma facendo rumori e strani gesti)* Non è possibile!
Abel: Ma veramente adesso io so Lillo.
Linda: No, no e poi no. Tutti tranne Lillo. Lillo proprio no. Con te non ci gioco più me ne vado.

GIULIETTA E ROMEO di Miriam e Ivan

(Ivan in scena da solo)
Ivan: oggi mi sento di essere un meccanico di macchine. Le macchine che mi piacciono di più sono i SUV.
Bene ora metto le cuffie con un po' di musica e mi metto a lavorare.
Miriam: *(entra nell'officina e cerca qualcuno, vede Ivan e dice)* Ciao io sono Miriam. *(Vede che il tipo non si volta allora fa dei cenni con la mano ma niente, allora si mette a fare un discorso da sola).*Ciao sono Miriam e mi hanno detto vai là e ti presenti, qualcuno c'è sempre. Ma questo qualcuno non mi ascolta e nemmeno mi vede. Trovo che il tipo piccoletto sia simpatico ma preso dalle sue faccende. *(prende un attrezzo e Ivan la vede e dice)*
Ivan: Ferma metti giù. *(ma continua nel suo lavoro)*
Miriam: Ehi, alleluia, eccomi sono qui mi vedi? Ma questo ci è o ci fa. *(sposta con la mano le cuffie ad Ivan e lui allora la vede e dice).*
Ivan: E tu chi sei che ci fai qui?
Miriam: ciao io sono Miriam e ancora non ho capito perché mi hanno mandato da te che sei cieco e sordo. Mi hanno detto mettiti con Ivan e fate Giulietta e Romeo ditevi qualcosa. Tu sei Ivan?
Ivan: Certo io sono Ivan e oggi faccio il meccanico. Per Romeo devi aspettare, mettiti in lista che ho già altre prenotazioni. Devo sistemare una Fiat, una Dacia, e una Mercedes. Quindi quando ho un po' di tempo accontenterò anche te, hai capito bambina? Ciao *(e si rimette le cuffie)*
Miriam: Questa è proprio bella. Ma cosa ha capito questo tipo che io sia una macchina? Ma nemmeno per sogno. Senti meccanico dei miei stivali sei finito nel racconto sbagliato ti conviene farti dare tu un'aggiustatina io vado in cerca di Romeo, il personaggio non di una macchina. *(lo dice in toscano).* Il mi babbo l'Alfa Romeo l'ha già belle avuta da giovane. *(esce)*
Ivan: *(si mette a fare il gesto di suonare la chitarra e canta)* Ciao Ciao bambina.

XXII
"AUTOSTIMA COME VALORE DI SÉ"
diario adulti

"AUTOSTIMA COME VALORE DI SÉ" è il titolo del laboratorio percorso per adulti che si svolge una Domenica al mese tutto il giorno.

Gli impegni e il lavoro non permette agli adulti di mettere a disposizione con continuità un incontro settimanale, quindi ho studiato la formula di una giornata al mese in cui i partecipanti possono acquisire idee, spunti, strumenti da utilizzare subito per se stessi nella loro realtà quotidiana e/o lavorativa.

Insegnanti della scuola di qualsiasi ordine e grado, educatori per ragazzi di comunità diverse, persone curiose con la voglia di fare qualcosa per loro, attori provenienti dal mondo del teatro amatoriale.

I partecipanti provengono da diverse realtà, anche geografiche.

Il laboratorio ha come obbiettivo di lavorare sulle emozione e sui sentimenti, saperli esprimere, riconoscere farli emergere, manifestali e metterli in scena senza avere la paura di essere giudicati.

Negli ultimi anni, dopo il Covid, si è formato un gruppo di adulti proveniente da diverse provincie Piacenza, Varese e Cremona.

Il gruppo è formato da alcune persone **ipovedenti.** quindi il lavoro che sono andata a strutturare è basato molto sui sensi, sulla fiducia di se e degli altri, sul tatto e contatto, sull'odorato, sull'udito, ridimensionando la vista.

Ho verificato però l'impegno e la disponibilità da parte dei partecipanti **vedenti** nel prendersi cura dei compagni e diventare i loro occhi.

Anche per me è nuovo apprendimento, aggiornamento costante per lavorare con loro nel rispetto e nella fiducia.

Un'esperienza unica, alcuni di loro, che ricoprono cariche autorevoli nel lavoro o nel mondo associazionistico, hanno riferito quanto sia di utilità il laboratorio sull'autostima.

Bene benissimo, grazie.

Si inizia sempre con la presentazione di tutti i presenti. Oltre il nome ognuno mette in un contenitore inesistente e metaforico un sentimento e/o un'emozione sia positiva che negativa.
Il significato dell'esercizio è liberatorio.
Oggi lavoriamo sugli opposti *leggerezza/pesantezza, pianto/riso, soddisfazione/insoddisfazione, felicità/scontentezza, grasso/magro, ecc...*
È emerso un incontro positivo, arricchente e rivelatore di tante potenzialità nascoste che in noi, forse, non vogliamo né vedere, né riconoscere.
È più facile essere pesanti che leggeri.
Il "peso" si butta fuori in quanto è dentro noi nelle paure e incertezze del vivere.
Mentre la leggerezza si deve cercare, scovare, accogliere, sentire dentro, imparare a riconoscerla e a viverla.
Così per la soddisfazione, la felicità, il riso ecc.
Nelle pagine seguenti riporto alcuni dei testi da loro prodotti.

PESANTEZZA

Ho un segreto, un peso che mi attanaglia.
Vorrei condividerlo ma non posso.
Sono forte ma anche debole,
per questo non mi piaccio.
Ho un segreto che mi attanaglia:
non saper scegliere sempre per il mio bene. **Ambrogio**

LEGGEREZZA

Sto piano piano creando legami
che mi portano belle soddisfazioni,
conoscenze e sensazioni nuove
che non pensavo di provare.
Dare, ricevere, imparare e crescere,
mi danno anche leggerezza e allegria. **Andrea**

PESANTEZZA

Riconosco in me la concretezza,
poco mi concedo alla leggerezza,
mi piace ridere e sorridere ma,
rimango seria in ciò che dico.
Mi difendo, non mi offendo,
e quando vedo una farfalla sussurro:
è stupendo vederla volare. **Angela**

LEGGEREZZA

Se leggero vuoi stare alcune cose devi fare.
Quattro abbracci comincia a dare,
una giravolta da te la puoi fare,
un salto nelle nuvole potrai rischiare.
Cosa c'è di più bello di un abbraccio?
Di qualcuno che ti sollevi l'animo,
ti tenga sotto le sue ali, ti protegga,
senza la pretesa di farti volare? **Lucia**

PESANTEZZA

Quando dico vedo anche se non vedo.
Quando dico sento anche quando non ascolto.
Quando parlo anche se poi taccio.
Quando sono pesante per sembrare leggera. **Daniela**

LEGGEREZZA

Pedalo e sono viva, pedalo e il vento mi ravviva.
Pedalo e avverto lo scorrere dell'acqua.
Pedalo e odoro profumi di svariati fiori.
Pedalo e la voce mi esce in un canto,
e allora pedalo, pedalo e ancora pedalo.
Non sento fatica ma leggerezza.
Assaporo il piacere che tutto questo mi rapisce,
mi avvolge in una inebriante bellezza. **Olimpia**

SE FOSSI

Se fossi Margherita sarei briosa
ma anche un po' capricciosa.
Non pongo ma propongo.
Il sole mi ispira.
Adesso voglio, adesso non voglio,
adesso non so, adesso vedrò, adesso… **Ambrogio**

ONDA

Sono onda e sono Spumebonda.
Rotonda lo sono davvero,
mi gonfio, spumeggio e volentieri spruzzo.
A volte sono calma altre arrabbiata, mi carico
nella profondità del mare e vengo verso te.
Ammira il movimento, per guardare non devi pagare,
faccio contenti grandi e piccini, nel vedermi
andare e tornare senza frenare.
Ti svelo un segreto?
A volte vorrei farmi abbracciare e riposare
sulla calda spiaggia del mare. **Giusi**

PRIMA CHE

Prima che arrivi la primavera, sfiorami,
toccami, stringimi,
come fanno i raggi del sole
che senza chiedere il permesso
scaldano e portano via ogni preoccupazione. **Lucia**

VITA

Chiudi gli occhi, respira.
Solleva un braccio, apri la mano
ascolta il tuo cuore.
Ricevi la vita, dona la vita, accogli
e lasciati andare.
Alleggerisci il tuo corpo,
senti la libertà e la vita che ti abita. **Giusi**

UN GIORNO PER ME

Ti ho sentito vicino a me,
all'improvviso un sorriso ha accarezzato il mio volto.
Mi hai sussurrato parole dolci
camminando scalzo sui miei piedi.
Il cuore ha sobbalzato, insieme lo abbiamo calmato
Tutto il mio essere è stato accolto e abbracciato.
Mi hai fatto capire oggi è un giorno per me. **Daniela**

TEMPESTA

Non sopporto il peso in me della tempesta.
Amo la quiete sono modesta, poche volte mi sono scossa
nel diventare tempesta grossa.
Faccio scintille, batto i pugni, punto i piedi, grido, strillo.
Mi trasformo, divento rabbia.
Chi mi sente non ci crede, chi mi vede scappa via.
La tempesta si è scatenata in me irruenta, violenta e impetuosa.
A scatenarla che cos'è? L'ingiustizia ahimè! **Angela**

RINGRAZIAMENTI

Un grande grazie va a Claudio Ardigò che con pazienza, costanza e sensibilità ha corretto il canovaccio-libro. Lo definirei un sarto al quale viene dato un abito da rifinire: con grande garbo, tatto, e maestria ha saputo togliere un punto mal cucito là per aggiungerne altri dove andavano messi.

Grazie a Nicola Bergamaschi, editore di Edizioni WE, che mi ha aiutato a rivedere il libro per favorire un migliore equilibrio tra i capitoli scritti, mi ha dato fiducia e ha creduto in me.

Grazie a Luisa Monella per la vicinanza, il supporto con suggerimenti e un costante confronto.

Grazie infinite e di cuore a tutti gli altri.

NOTE SULL'AUTRICE

Enrica Trovati

Nasce sotto il segno del Capricorno a Soresina (Cr).

È scrittrice, attrice, regista, formatore, operatore di teatro terapia e assistente sociale con formazione relazionale sistemica.

Si occupa da molto di counseling per singoli e famiglie, di conduzione di gruppi adulti e bambini e, fin da bambina, di teatro.

Nel 1983 frequenta scuola di teatro classico a Cremona con l'attore Domenico Negri.

Nel 2002 si è formata alla scuola specifica in Teatro Terapia diretta dal Dr. Walter Orioli dell'Associazione Politeama di Monza.

Ricopre il ruolo di Presidente nell'Associazione Culturale **"Teatro dell'Ermicama"** di Soresina.

Conduce laboratori di teatro e di animazione teatrale per bambini, ragazzi e adulti.

Partecipa e collabora con altre associazioni culturali nei progetti di educazione, teatro e autostima.

Realizza spettacoli teatrali.

Si occupa di formazione in contesti pubblici e privati.

Produzioni di E. Trovati

1997 Dal laboratorio teatrale "Copione ragazzi" e adulti e messa in scena: **"la Gabbianella"**

2000 Costituzione dell'Associazione Teatro dell'Ermicama di cui è presidente

2002 Inizio laboratori teatrali per ragazzi e adulti a Soresina

2003 Inizio laboratorio settimanale di T.T. presso Comunità terapeutica femminile a Marzalengo (Cr)

dal 2008 al 2013 n. 20 libretti a tema sull'autostima - Comunità femminile - attività di T.T

2004 Da W. Shakespeare laboratorio teatrale e messa in scena: **"Attore 1 giorno"**

2004 Dal laboratorio teatrale "Copione ragazzi" e messa in scena: **"A.A.A. Autobus"**

2006 Copione teatrale e messa in scena: **"Come rendersi felicemente infelici"**

2007 Da A. Cecov laboratorio teatrale messa in scena: **"Non portate qui il disordine"**

2008 Dal laboratorio teatrale Copione ragazzi e adulti messa in scena: **"Ma-Mi-Mo"**

2013 Laboratorio ragazzi presso le **Scuole Medie Soresina;** messa in scena: **"Siamo come eravamo"**

2015 Dal laboratorio teatrale Copione ragazzi e adulti messa in scena: **"Macedonia di Sogni"**

2016 Copione adulti e messa in scena: "S.O.S. **"Sorpresa o Stupore"**

2017 Copione teatrale adulti e messa in scena: **"La stanza dei bottoni"**

2018 Laboratorio adulti e ragazzi copione e messa in scena: **"Con te sto bene"** a Boario (Bs)

2018 Dal laboratorio teatrale Copione ragazzi e messa in scena: **"Caos"** presso la Scuola superiore Einaudi a Cremona

2019 Laboratorio per docenti delle Scuole Einaudi e superiori. Teatro Monteverdi Cremona

2021 Copione teatrale adulti Dario Fo messa in scena: **"Accidenti sono già le 6 e un quarto"**

2022 Dal laboratorio teatrale ragazzi di R. Queneau messa in scena: **"Da qui a là"** presso la scuola secondaria di primo grado A. Frank

2023 Laboratorio teatrale presso la Scuola per l'Infanzia di Annicco con messa in scena finale. **"Autobus"**

2023 Laboratorio ragazzi messa in scena **"Pinocchio a modo mio"**

2024 Laboratorio ragazzi da W. Shakespeare messa in scena **"Amore Amicizia e altro"**

Libri dell'Autrice:

2022 **"Un cuore analfabeta"** - **Selfpublishing**
2023 **"A.A.A.Autostima cercasi"** - **Selfpublishing**
2024 **Storie mie storie tue** - **Edizioni We**

INDICE